Sigi Domke
(Text)

Helden sind immer die anderen

Urkomische Kämpfe mit dem Alltag.
Geschichten vonne Ruhr

Michael Hüter
(Illustration)

Henselowsky
Boschmann

Sigi Domke
Jahrgang 1957; übt den seltenen Beruf des Ruhrgebietskomödien-Schreibers aus und hat überhaupt dem alten Ruhrpott mit seinen Typen und seiner schnodderigen Sprache viel an Inspiration zu verdanken. Als Co-Autor für die Kunstfigur Herbert Knebel ist er mitverantwortlich für die Witzdichte des Knebel-Humors; mit dem Stück »Freunde der italienischen Oper« hat er die Mutter aller Ruhrikomödien geschrieben und danach noch viele Kinder.
Sigi Domke ist ebenfalls Autor der beiden Bücher »Die Koplecks in: Freunde der italienischen Oper« und »Wie sieht denn die Omma aus? – Märchen und andere Klassiker nacherzählt fürs Ruhrgebiet«.
Sigi Domke widmet dieses Buch Mareike, Ulla und Erika.

Michael Hüter
Geboren 1962 in Rheinhausen; arbeitet als Illustrator und Karikaturist für Zeitungen, Zeitschriften, verschiedene Institutionen … und besonders gern für einen bekannten regionalen Literaturversorger. Ist mit einer Wattenscheiderin verheiratet, hat zwei Söhne, lebt in Wattenscheid und bereist ansonsten beruflich wie privat das Ruhrgebiet und große Teile Europas. Ist Schriftführer seiner Siedlergemeinschaft, beackert unter Anleitung seiner Frau den Garten und verbringt große Teile seiner kargen Freizeit segelnd in Holland oder als einfacher »miles gregarius« der LEGIO VI VICTRIX.
Michael Hüter ist Autor und Illustrator des Buches »Nix wie Höhepunkte.« 12 Expeditionen zu den Gipfeln des Ruhrgebiets. Ein Handbuch für Entdecker«.

Bücher vonne Ruhr
Schützenstraße 31, 46236 Bottrop
E-Mail: post@vonneruhr.de
www.vonneruhr.de
1. Auflage 2013
ISBN 978-3-942094-35-1
Herstellung: Westermann Druck Zwickau GmbH

Inhalt

Vorwort

Schon wieder was verbaselt! Man kann aber auch viel verkehrt machen, wenn man was macht! Und man muss ja was machen. Von selbst putzt sich kein Hintern ab. Da geht's schon los mit den Alltagsverrichtungen, die kein Ende nehmen, bis das Ende da ist. Und auf dem Weg dahin lauern überall Tücken, gerade im Ruhrgebiet, das ist ja bekannt!

Der Ruhrgebietsalltag gilt unter Experten als dreikommasiebenmal tückischer als der Alltag in der Südsee. Das ist wissenschaftlich erwiesen. Glaube ich jedenfalls. Und egal, wie heldenhaft man versucht, sich diesen Tücken entgegenzustellen, immer finden sie einen Dreh, dass man selbst als der Doofe aus der Sache herausgeht. Richtige Helden sind anscheinend immer die anderen.

Ein unerschöpfliches Feld also für den Humoristen, der hier mit großer Wahrheitsliebe auf seine eigenen Ticks und Schwächen schaut, auf seine Probleme, das alltägliche Leben zu bewältigen, und denkt, das kann doch nicht wahr sein! Ist es aber. – Fast. Meistens.

Viel Spaß wünscht der Autor,

Ihr Sigi Domke

Noch ein Vorwort

Sehr geehrte Heldin, sehr geehrter Held!
Ich freue mich, Sie als Leserin beziehungsweise Leser dieses Buches gewissermaßen kennenzulernen. Sie beweisen durch den Kauf der »Geschichten vonne Ruhr« – gelebt und geschrieben von Sigi Domke und illustriert von mir – Klugheit, Intelligenz und Mut.

Dat ham'se gut gemacht!

Sie haben für eine kleinen Betrag einen großen Schatz erworben (Klugheit), Sie investieren ins Ruhrgebiet und damit in DAS Zentrum von Hochtechnologie, Witz und unerschrockener Schnoddrigkeit (Intelligenz) ... und wenn Sie jetzt noch zugeben, dass Sie solche Alltagsgeschichten auch kennen und selbst erleben, dann sind Sie mein Held, beziehungsweise meine Heldin (Mut).

Ich hatte beim Lesen und Illustrieren der Geschichten eine Menge Spaß, und den werden Sie auch haben. Lassen Sie sich von keinem Besserwisser und Klugschwätzer verunsichern oder irritieren. Unsere Welt ist so, im Großen sowieso und bei uns im Ruhrgebiet natürlich auch. Wer sich der Welt da draußen jeden Tag stellt, beweist Heldentum.

Viel Spaß und Glückauf!

Michael Hüter

PFLANZEN
URLAUB
KOMMST DU ?!
ZEITUNG
HAUS
KÖNNEN WIR NICHT EINFACH HIER BLEIBEN !!!
2013

Drei Tote im Garten

»So!«, sage ich und knalle mit hochrotem Kopf die Kofferraumtür zu. »Alles drin!«

Morgen früh fahren wir in Urlaub. Aber heute ist erst heute, und was ich »drin« habe, sind nicht die Koffer, sondern die Kleintiere samt Zubehör.

Ich muss gestehen, ich fahre nicht besonders gern in Urlaub. Mein Vater hat das schon nicht gern gemacht. Vererbt sich so was? Gibt es so etwas wie ein Anti-Urlaubsgen? Andere dagegen müssen ja ständig irgendwohin in Urlaub fahren. Haben die dann voll das Pro-Gen, oder wie muss ich mir das vorstellen? Das müsste die Biologie jedenfalls mal dringend erforschen, weil, wenn es so etwas gibt, könnte ich, wenn Frau und Tochter mal wieder »Urlaub, Urlaub« schreien, schön darauf verweisen. Fuerteventura? Tut mir leid, Anti-Urlaubsgen.

Obwohl, so schlimm ist das bei mir gar nicht. Wenn ich einmal da bin, im Urlaub, dann finde ich das sogar manchmal ganz erträglich. Aber die Reisevorbereitungen, die schaffen mich! Danach bin ich urlaubsreif. Na, das passt ja, könnte man denken, aber mir macht schon der Gedanke an die Vorbereitungen den ganzen Urlaub mies. Da will ich erst gar nicht weg.

Momentan stehe ich erst am Anfang der Vorbereitungen. Wie gesagt, ich habe die Kleintiere eingeladen. Wir haben Meerschweinchen. Drei tote liegen im Garten, die sind aber pflegeleicht, und ein paar lebendige sitzen im Käfig, beziehungsweise momentan auf dem

Beifahrersitz. Selbst einen einzigen Tag kannst du nicht einfach so in Urlaub fahren, weil du die nicht auf Vorrat füttern kannst. Egal, wie viel Grünzeug du in deren Käfig deponierst, nach einer Viertelstunde ist das verputzt, und der Käfig ist vollgeköttelt. Und anschließend hungern die sofort und drohen zu sterben. Deshalb müssen die dosiert was kriegen. Wenn du Nachbarn hast, die jede Stunde mal zum Füttern kommen, ist das kein Thema, wenn nicht, musst du die Schweine für die Zeit, wo du weg bist, irgendwo unterbringen. Gar nicht so leicht, da jemanden zu finden. Diesmal bringe ich die Beißer zu einer Bekannten, die zwei Kinder hat und die Tierchen für vierzehn Tage zum Zwecke der Abschreckung aufnehmen möchte. Die Kleinen wünschen sich nämlich welche und sie nicht.

Ob das mit der Abschreckung denn auch halbwegs sicher funktionieren würde?, hat sie gefragt.

»Todsicher!«, hab ich geantwortet. »Stell den Käfig und die ganzen Plörren in deren Zimmer. Spätestens nachts kommen bei deinen Blagen nache anfänglichen Begeisterung die ersten Zweifel am Schweinewunsch auf. Dann beißen die nämlich in ihr Holzhäusken, also, die Tiere, und zwar so laut, dat du denks, da nagt en Biber an nem Mammutbaum! Und wenne Glück has, kricht dat Männchen gleich noch seine rattigen fünf Minuten und stürzt sich auf die Schweine-Weiber. Da ist dann ein Gequieke wie im Schlachthof!«

Ja, da war sie beruhigt.

Ich starte den Motor und fahre los. Der Wagen tut sich schwer mit dem Gewicht. Außer den Tieren, dem

Käfig und meine Wenigkeit habe ich ja noch einen riesigen Sack Einstreu geladen, einen ebenfalls riesigen Sack Heu, circa 14 Kilo Grünzeug, ein auseinandergebautes Freilaufgehege für die sonnigen Tage sowie jede Menge Holzhäusken. Die Tiere sehen gestresst aus. Ich auch.

Bei der Bekannten angekommen, stürzen sich die Kinder auf die Nager, die daraufhin noch gestresster aussehen. Ich darf alleine ausladen und alles aufbauen. Eine halbe Stunde später sitze ich wieder im Auto.

»Denkt dran«, sage ich, »die müssen immer fressen! Wenn die ma fünf Minuten nich fressen, sind die krank und müssen zum Arzt. Spart schonma, dat kostet!«

Ich wünsche der Bekannten viel Glück und fahre nachhause. Dort angekommen und schon mittelschwer geschwächt, folgt der nächste Teil der Reisevorbereitungen. Es gilt, das Haus für die Zeit der Abwesenheit für alle Eventualitäten zu rüsten, gerade auch wettermäßig, also, falls die Superhitze kommen sollte, Frost, Überschwemmung, Hurrikan und womit man sonst mittlerweile noch so rechnen muss. Ich wässere also den Garten, aber nicht zu viel, damit der nicht direkt absäuft, wenn es schüttet, binde alle beweglichen Teile an, damit die bei Sturm nicht wegfliegen, gieße die Topfpflanzen drinnen, ohne sie zu ertränken, und dunkle die Räume ab, damit die Einrichtung nicht verglüht bei 45 Grad im Schatten. Zu viel abdunkeln darf ich sie aber auch nicht, wegen der Topfpflanzen. Dann stelle ich das Wasser ab, damit bei Frost keine Leitung platzt, und mache schließlich alles einbruchsicher, indem ich Schilder aufstelle, wo draufsteht, »Wir sind zuhause!«.

»Hallo?!«, sagt meine Gattin, »wir fahren erst morgen! Kannse vielleicht dat Wasser wieder anstellen und en bissken Licht machen?«

Widerwillig willige ich ein.

Dann geht es ans Kofferpacken. Das ist der am wenigsten stressige Teil der Vorbereitung. Mein Gott, so schnell, wie ich einen Koffer gepackt habe, so schnell kannst du als Frau gar nicht gucken. Ich nehme ja kaum was mit. Manche haben ganze Kleiderschränke dabei, um für alle Eventualitäten gerüstet zu sein, aber ich finde, das ist alles eine Frage der Logistik. Wenn du nach dem Zwiebel-Prinzip vorgehst und du alles entweder übereinander an- oder eben nicht anziehen kannst, dann kommst du mit einer Handvoll Klamotten und einer Zahnbürste aus.

»Nich, dat du wieder anfängs zu müffeln!«, sagt meine Frau und guckt mit kritischem Blick in den halbvollen Koffer.

»Zwiebel-Prinzip und en gutes Deo!«, sage ich und kriege schon bei dem Gedanken an das Koffergewicht meiner Liebsten eine Zerrung.

Bald darauf ist der Tag vorbei, und ich liege mit weit aufgerissenen Augen im Bett und denke an den Alptraum, der mir in aller Herrgottsfrühe bevorstehen wird. Da ist an Schlaf natürlich nicht zu denken.

Schon bevor der Wecker klingelt, stehe ich auf und gehe auf dem Zahnfleisch. Die Verdauung stottert, und das wird sich auch nicht ändern. Ich würge einen Toast herunter und einen Kaffee.

»Scheiße!«, entfährt es mir.

»Die Zeitung«, sagt meine Frau.

Ich nicke dumpf. Wie immer habe ich vergessen, sie abzubestellen. Ich erreiche den Abbestell-Notdienst, der extra für Fälle wie mich eingerichtet wurde. Dann geht es an den Endspurt: Wasser abstellen, Müll rausbringen, Verpflegung für die Reise machen, wieder Müll rausbringen, Wasser wieder anstellen, noch mal spülen, zwischendurch immer wieder gucken, ob alle Fenster zu sind, Wasser wieder abstellen, Gepäck rausbringen, alles abschließen, wieder aufschließen und noch mal aufs Klo gehen, noch mal nach den Fenstern gucken, wieder raus und abschließen, und los geht es! Ich winke meiner Frau und meiner Tochter, die aufgeregt zurückwinken und vor die Scheibe hämmern. Dann fällt mir ein, dass sie mitfahren wollten. Großzügig halte ich noch einmal und lade sie ein.

»Geht's noch?!«, schimpft meine Frau.

»Nee«, sage, »bei mir geht nix mehr!«

Dann geht es aber doch ab zur Tankstelle. Ein bisschen Luft sollten wenigstens die Reifen haben. Und dann geht es tatsächlich ab in den Urlaub! Allerdings brauche ich immer mindestens eine Woche, um mich von dem Stress der Reisevorbereitungsaktion zu erholen. Wenn du nur eine Woche wegfährst, steht das in keinem guten Verhältnis.

Na ja, was macht man nicht alles … Denn wenn du Frau und Kind und Meerschweinchen einmal hast, willst du sie auch nicht mehr weggeben.

Entspannungsstress

Es ist Sonntag, 6.30 Uhr.

Ich liege im Bett, hellwach. Meine Frau hat sich vorgenommen, dass wir heute einen richtig entspannenden Tag verbringen. Wir hätten das nötig, hat sie gesagt, aber gemeint hat sie mich. Und sie hat ja Recht, was meistens der Fall ist, wenn sie nicht Unrecht hat.

Ich bin schon ganz aufgeregt! Dieser Sonntag bietet weit und breit die einzige Möglichkeit, um ein bisschen zu relaxen. Da sollte alles gut geplant sein und auf den Punkt funktionieren, besonders das Relaxen selbst! Ich bin allerdings nicht nur aufgeregt, sondern auch ein bisschen genervt. Wegen der Uhrzeit! Wie soll da Entspannung aufkommen, wenn man in aller Herrgottsfrühe mit weit aufgerissenen Augen die Zimmerdecke anstarrt?!

Dabei waren wir übereingekommen, lange zu schlafen. Danach steht ein gemütliches Frühstück auf dem Programm, dann ein kleiner Spaziergang, und dann geht es ab in die Sauna. Saunieren, lesen, ein Häppchen essen, ein paar Züge schwimmen, liegen, erneut saunieren und sich dabei mal wieder vergegenwärtigen, wie der jeweils andere nackt aussieht, und dann, zum Ausklang, am Abend … müde ins Bett fallen. Hört sich wirklich gut an!

Ich schaue auf die Uhr. Es ist 6.32 Uhr. Neben mir schläft meine Frau. Oberflächlich betrachtet schläft sie wie ein Stein. Aber darunter hat sie einen total leichten Schlaf. Das macht mich ganz nervös. Weil ich sie ja nicht wecken will. Nur müsste ich mich jetzt eigentlich ordentlich im Bett herumwälzen, um eine Position zu finden, in der ich wieder einschlafe, aber dann würde sie durch das Wälzen sicherlich wach werden. Ich liege also still und versuche, mich einer entspannten Verfassung anzunähern. Aber je angestrengter ich mich bemühe, bewegungslos zu liegen, desto unruhiger werde ich.

6.35 Uhr. Die Zeit kriecht. Ich versuche mir einzureden, es sei Mittwoch. Unter der Woche bin ich um die Uhrzeit todmüde und könnte sofort wieder einschlafen. Darf ich aber nicht.

»Es is Mittwoch, es is Mittwoch!«, wiederhole ich circa hundertmal beschwörend.

Mein Organismus glaubt es nicht. Ich probiere es mit »Donnerstag«, aber ebenfalls vergebens. Ich schlafe einfach nicht ein!

11.37 Uhr. Ich muss doch noch mal eingeschlafen sein! Ich rüttele an meiner Frau.

»Wir ham verpennt!«, rufe ich völlig benommen.

»Wer, wie, was?«, fragt eine verschlafene Frauenstimme.

»Schon nach halb zwölf!«, sage ich und ziehe ihr die Bettdecke weg. »Wie solln wir denn gez noch unser Entspannungsprogramm schaffen?!«

»Wir wollten doch ausschlafen!«

»Hab ich aber nich! Ich war bestimmt schon um halb fünf hellwach!«, stöhne ich.

»Und warum biste nich früher aufgestanden?«

»Für ne Fragestunde ham wir gez keine Zeit!«, sage ich und versuche mich zu erheben. Es gelingt mir nur mit Mühe. Um 6.30 Uhr habe ich mich frischer gefühlt. Ich wanke ins Bad und dann in die Küche, decke notdürftig den Tisch, mache einen Schnellkaffee und zweimal Tost natur. Dann hole ich meine Frau aus dem Bad und setze sie an den Tisch.

»Was machste denn son Stress?!«, fragt sie.

»Ich mach kein Stress, aber wir hinken im Zeitplan, und wenn wir zu spät in der Sauna auflaufen, brauchen wir ers gar nich fahren. Meinse, ich will da durchhetzen?! Da wird dat mit der Entspannung hinten und vorne nix!«

»Dann lass uns doch den Spaziergang weglassen!«, schlägt sie vor.

»Auf keinen Fall!«, sage ich. »Da hab ich mich doch drauf eingestellt! Und Entspannungspläne über den Haufen werfen bereitet mir sofort Stress!«

Ein halbe Stunde später machen wir unsere übliche Runde durch die Umgebung, nur schneller als sonst. Wir hecheln am Ententeich vorbei und sprinten über den Acker, von dem aus man einen herrlichen Blick über halb Essen bis hin zum Oberhausener Gasometer hat, wenn man die Zeit hat zu gucken.

Ich horche in mich hinein, ob sich nun Erholungseffekte zeigen, aber noch tut sich nichts.

Eine weitere halbe Stunde später haben wir unsere Saunasachen gepackt und sind auf dem Weg in den Saunapark. Wir sind ein bisschen außer Atem, liegen aber wieder etwas besser in der Zeit.

Natürlich habe ich ausgerechnet jetzt eine Sonntagsfahrer-Schnarchnase vor mir! Die Nase fährt bis zum

Park vor mir her, und erst auf dem Parkplatz kann ich sie überholen.

»Gez möcht ich nich deinen Blutdruck messen«, sagt meine Frau.

»Ich schon!«, erwidere ich, »dann könnt ich dem Kerl ma meine Werte zeigen. So Typen wissen doch gar nich, wat die anrichten! Und obendrein geht dat alles von unsrer Entspannungszeit ab!«

13.48 Uhr. Die Sauna ist rappelvoll! An der Kasse hat sich eine Schlange gebildet, und die Umkleidekabinen sind auch alle belegt. Wir brauchen eine knappe Stunde, um uns unserer Kleidung zu entledigen, zu duschen und in den eigentlichen Saunabereich vorzudringen.

»Komm, wir gehen in die Gemischte!«, sage ich, um schon mal eins von meinen Vorhaben zu verwirklichen.

In der Gemischten sitzen 14 Männer und 3 Frauen.

»Ich geh doch lieber in die Frauensauna«, sagt meine Frau.

»Ich auch!«, sage ich.

Aber sie lässt mich nicht, und so lande ich in der Männersauna.

Ich quetsche mich durch die Reihen übergewichtiger Männerleiber, finde ein freies Plätzchen dicht unter der Decke, drehe die Eieruhr um und setze mich auf mein Handtuch. Als ich mich umschaue, entdecke ich mir gegenüber die Schnarchnase.

»Andere Menschen haben noch wat vor in ihrem Leben!«, sage ich zu ihr, »die wollen sich vielleicht entspannen!«

Verständnislos glotzt der Mann mich an. Ich höre wieder in mich hinein, ob sich entsprechende Anzeichen endlich bemerkbar machen. Fehlanzeige!

Dann betritt ein Kerl mit einer dicht behaarten Brust den Raum und ruft, »Bommerlunder-Aufguss?«

»Auf keine Fall!«, sage ich, aber mein Satz geht im zustimmenden Gejohle der Männermeute unter.

Der Behaarte öffnet eine Plastikflasche, kippt den Inhalt auf die glühenden Steine des Sauna-Ofens und verwirbelt die aufsteigende Heißluft. Die Horde stöhnt geschlossen auf.

»Männersauna!«, grunzt der Behaarte.

Sekunden später kann ich zuschauen, wie sich die feinen Härchen auf meinen Unterarmen kringeln und schwarz werden. Mein Puls versucht die 200-er Marke zu knacken. Ich starre auf den tröpfelnden Sand in der Uhr, sitze wie auf heißen Kohlen und werfe nach zwei Minuten das Handtuch. Es landet auf dem Ofen und verglüht sofort.

»Viel Spaß mit euren gekochten Eiern!«, sage ich noch, dann verlasse ich die Sauna. Ich schwanke ein wenig, lasse mich aber vom Kaltwasserbecken nicht abschrecken und steige hinein, was zu einer kleinen Aufregung führt, weil ich darin sofort ohnmächtig werde. Im Sanitätsraum komme ich wieder zu mir.

»Ich muss noch schwimmen, lesen, essen und meine Frau nackt sehen!«, sage ich.

Liegen tue ich ja schon.

»Auf keinen Fall!«, sagt der Sanitäter, »Sie ruhen sich gez ersma aus!«

Um mich dabei zu unterstützen, erzählt er von seinem ersten Erste-Hilfe-Kurs, und wie er dabei Blut geleckt habe. Stabile Seitenlage, Dreiecktuch, Kopfverband, Druckverband unter Zuhilfenahme des Brandwundenverbandpäckchens, eine Offenbarung sei das gewesen! Dann die Sanitätsausbildung mit den Maßnahmen zur Wiederbelebung, da sei ihm seine Leidenschaft für die Notfall-Versorgung so richtig bewusst geworden. Dann beginnt er, die Notfälle zu beschreiben, die Verbrennungen, die sich Gäste in der Sauna zugezogen hatten, die Brüche beim Ausrutschen auf den nassen Fliesen, die Herzrhythmus-Störungen nach Bommerlunder-Aufgüssen. Und wie er so erzählt und erzählt mit seiner monotonen Stimme, lullt er mich so richtig ein. Ich horche in mich hinein, und tatsächlich kommt zum ersten Mal an diesem Tag so etwas wie Entspannung auf.

17.28 Uhr.

»Wo um Himmels Willen warst du?!«, sagt meine Frau, »ich hab mir Sorgen gemacht!«

»Brauchs du nich«, sage ich, »mir geht's blendend. Ich bin total runtergekommen!«

»Runtergekommen?!«

»Von meinem Stresslevel!«

»Tatsächlich?!«, sagt sie, »na, dann müssen wir öfter kommen!«

»Auf keinen Fall!«, sage ich, »wat einem in sonnem Gesundheitstempel alles zustoßen kann! Dat is einfach zu gefährlich!«

Das andere Zimmer

Hach, ich vergesse so viel! Das macht mir manchmal Sorgen. Allerdings vergesse ich die Sorgen dann auch schnell wieder und nicht nur bei einem Gläschen Wein.

Wer jetzt mein Geburtsdatum kennt, wird sich sagen, oh, da fängt der Alzheimer aber früh an! Aber so ist das gar nicht. Ich habe schon immer viel vergessen. Macht es das jetzt besser oder schlimmer? Ich weiß es nicht.

Richtig wichtige Sachen habe ich vergessen, oder Erlebnisse. Gut, die Geburt, da bin ich nicht der Einzige, der da eine Gedächtnislücke hat, aber auch in späterer Zeit sind mir Sachen passiert, an die ich mich nicht mal ansatzweise erinnern kann, und wenn dann Leute sagen, »weiße noch?«, dann kann ich nur sagen, »näh, komplett gelöscht!«

Bei der Geburt ist das ja so, die ist vielleicht irgendwo im Schädel abgespeichert, aber man kommt nicht dran. Dat ist vielleicht auch gut so. Das viele Blut! Und das ganze Gestöhne vom Vater! Und womöglich war man noch eine Steißgeburt. Jedenfalls, auch wenn die Mama noch so oft sagt, »Mensch, Kind, weiße noch, deine Geburt damals, wo der Vadder umgekippt is und wo du aufn allerletzten Drücker gekommen bis und dann noch mit dem scheiß Steiß zuers«, dann macht es trotzdem nicht klick. Man könnte schwören, man sei gar nicht dabei gewesen, und nur die Logik sagt einem, dass das nicht sein kann. Und so Sachen hab ich viel. Die sind vielleicht irgendwo aufgezeichnet, aber ich komme nicht dran.

WATT WOLLTE ICH NOCHMA HIER? WATT WAR DAT...?!
GUCK NICHT SO BLÖD, HOL DIE POST!
HOSE ZU?!
TÜR ZU!!
SCHUHE AN?
2013

Jetzt hat die Wissenschaft ja herausgefunden, dass man Dinge, Vorsätze zum Beispiel, leicht vergisst, wenn man den Raum wechselt. Das menschliche Gehirn sortiert anscheinend gern zimmerweise. Das kann ich nur bestätigen. Wie oft ich in ein anderes Zimmer gehe und dann denke, »weswegen bis du gez hier in dem anderen Zimmer?«, das geht auf keine Kuhhaut! Ich gehe dann in der Regel wieder in das Zimmer zurück, wo ich vorher war, und wenn ich das gemacht habe … weiß ich aber nicht mehr, warum. Hab ja wieder das Zimmer gewechselt. Und so irre ich oft halbe Tage halb irre durch das Gebäude, dabei wollte ich nur Saft aus dem Keller holen.

Deshalb bin ich jetzt dazu übergegangen, mir für alle erdenklichen Situationen Schilder zu machen. Ich hab ein Saft-Schild, ein Wasser-Schild, ein Wasser-lass-Schild, ein Glotz-nich-auf-den-Briefkasten-sondern-hol-die-Post-raus-Schild und so weiter. Ich darf nur nicht vergessen, das jeweilige Schild mitzunehmen, wenn ich den Raum wechsle, um das Entsprechende zu erledigen. Das ist das Problem!

Zwischenzeitig hatte ich schon mit einem Architekten gesprochen, ob es möglich wäre, das Haus so umzubauen, dass ich die wesentlichen Verrichtungen alle in einem Raum machen könnte. Aber er meinte, das wäre schon Aufwand, und ob ich dann damit glücklich werden würde, beziehungsweise meine Partnerin, da wäre er skeptisch. Die Idee habe ich dann auch nicht lange weiterverfolgt. Als ich den Durchbruch zum Klo machen wollte, wurde mir Einhalt geboten.

Ich habe mich allerdings schon gefragt, ob man mich vielleicht nach der Geburt auch direkt in einen anderen Raum gebracht hat, also, wegen der Erinnerungslücke, ja, oder nach meinem ersten Geschlechtsverkehr. Wenn meine Freundin später mit so einem komischen Grinsen im Gesicht gesagt hat, »Mensch, weiße noch, dat erste Mal?«, dann konnte ich auch nur immer sagen, »du, ich komm grad nich dran.« Sie meinte dann irgendwann, ich würde das wohl verdrängen. Also, da kam richtig Knies auf deswegen.

Ich sag, »so hoch werd ich die Messlatte wohl bei der Premiere nich gelegt haben, dat ich dat verdrängen musste, um mich nich selbs einzuschüchtern. Um nich bei de nächsten Male irgendwie blockiert zu sein. Da kann ich schon Realist bleiben.«

Ja, aber die Äußerung hat mich nicht mehr losgelassen, so dass ich Jahre später mal zu einem Hypnotiseur gegangen bin, der sich im Großraum Mülheim-Styrum einen Namen gemacht hatte, den ich aber vergessen habe. Es heißt ja, dass man unter Hypnose an Verschüttetes ganz gut drankommt. Ich hab dann natürlich erst mal gesagt, ich hätte wohl möglicherweise einen frühkindlichen Dachschaden erlitten, und er solle doch mal gucken, was bei meiner Geburt so geschossen wurde. Und das hat auch geklappt! Wahnsinn! Ich konnte mich an alles erinnern. Zuerst die Situation noch in der Mutter, wo ich dachte, »komisch, deine Bleibe wird zusehends enger! Du kanns dir ja kaum noch anne Füße spielen! Gehse ma inne Steißlage, vielleicht klappt dat dann.«

Dann der Blick auf die Uhr und die Erkenntnis, »oh, schon fünf nach zwölf! Gez aber raus aus den Kabuff!«

Dann auf einmal Licht, Geschrei, Abnabelung. Und schon wurde ich in ein anderes Zimmer gebracht, wo ich anschließend gar nicht mehr wusste, warum. Das waren damals ja noch andere Verhältnisse im Kreißsaal. Und fast wären wir noch über meinen Vater gestolpert.

Na ja, aber im Grunde war alles tacko gewesen, und ich sagte dann so zu dem Hypnotiseur, »ach, wo wir grade dabei sind, gehen Se doch ma zum 15. März 1975, so zwischen 20.30 Uhr und 31!«

Ja, also auch eine Situation in 'ner Mutter, könnte man salopp sagen. Und da angekommen fiel es mir wie Schuppen von den Augen. Die Bleibe wurde nicht enger, sondern im Gegenteil. Und anschließend bin ich gar nicht in einen anderen Raum gebracht worden damals um 20.32 Uhr, ich bin eigenhändig gegangen.

Aber das funktioniert auch nicht immer mit dem Raumwechsel, das muss man dazu sagen. Ich bin ja bei dem Hypnotiseur anschließend sofort aufs Klo gegangen und danach in seine Küche und sogar auf den Balkon, von dem aus man einen tollen Blick über die Skyline von Styrum hatte, aber ich konnte das Gesehene einfach nicht mehr vergessen. Na ja, ich habe den sexuellen Klops, den ich mir da beim ersten Mal geleistet habe, jetzt als Anfängerfehler abgespeichert. Meine Güte, jeder fängt mal klein an. Das sollte man nur nicht vergessen!

AAAAH WAS, WIE, WO BIN ICH?!
WIR HABEN UMGERÄUMT! DU ERINNERST DICH?!

Plötzlich ist der Arm zu kurz

»Autsch!«

Ich bin gegen das Sofa gelaufen. Zum wiederholten Mal an diesem Tag!

»Hömma, bin ich eigentlich blind?!«

Das nicht, aber wenn ich blind wäre, hätte ich jetzt ein noch größeres Problem als ohnehin schon. Wir haben das Wohnzimmer umgeräumt! Die Wege, Entfernungen und die Positionen der Dinge im Raum, die Hirn und Körper im Laufe der Jahre verinnerlicht haben, gelten plötzlich nicht mehr. Weil die Einrichtung des Zimmers um 90 Grad gedreht werden musste. Gut, ein Teil davon musste gedreht werden. Eigentlich nur das Sofa und die Heimkino-Anlage. Ausgerechnet! Da hätte ich lieber die Einbauküche gedreht. Wer mal eine Heimkino-Anlage installiert hat, weiß, wovon ich rede. Kilometerlange Lautsprecherkabel müssen nach dem Drehen neu verlegt werden, und womöglich stimmen die Abstände der Lautsprecher zur optimalen Surround-Sound-Sitzposition nicht mehr, und der ganze Effekt ist im Arsch! Eine Horrorvorstellung!

Ich sollte hier erwähnen, dass ich generell kein Freund der ständigen aktiven Veränderung meiner privaten Lebenswelt bin. Manche haben das ja als Hobby. Ich dagegen richte mich ein, und dann kann es ein paar Jahrzehnte so bleiben. Für meinen Geschmack verändert sich sowieso alles viel zu schnell, zum Beispiel das Virenschutz-Programm meines PCs. Da bin ich dankbar für alles, was eine Zeit lang so bleibt.

Um es klar zu sagen:

Sofa und Heimkino-Anlage mussten gedreht werden, weil meine Frau das so wollte. Der Aktion waren jahrelange Gespräche vorausgegangen. Immer wieder hatte sie das Thema auf den Tisch gebracht.

»Meinse nich, der Raum säh größer aus, wenn wir das Sofa …?«

»Er wär aber nich größer.«

»Das nich, aber …«

»Ja, solln wir wegen ner puren Illusion son Wahnsinnsaufwand betreiben?! Und denk ma an die Heimkino-Anlage! Horror!«

»Ach, die …«, meinte meine Frau dann meist und hörbar ein bisschen abfällig.

Was unklug war.

»Ach, die …?!«, wiederholte ich und hatte sofort Schaum vor dem Mund. »Ich hab en ganzes Weihnachtsfest ruiniert mit dem vergeblichen Versuch, die Telefonbuch-dicke Bedienungsanleitung zu verstehen und das scheiß Ding aufzubauen! Und denk ma an die harte Zeit danach! Zwei Semester Fernstudium Elektrotechnik an der Uni Bottrop! Dann der erneute Versuch, das scheiß Ding in Betrieb zu nehmen. Dann der erniedrigende Anruf bei nem entfernten Bekannten mit Master-Abschluss. Schließlich zwei volle Tage Haareraufen von dem Bekannten und aufwendige Service-Leistungen meinerseits in Form von Alkohol, Chips und Pizza-Taxi. Dann der unglaubliche Triumpf: ›Die Maske‹ mit Jim Carrey im 6.1-Surround-Sound mit Milos Gebelle von hinten links! Und das soll alles umsonst gewesen sein?!«

»Nur ein bisschen drehen«, sagte meine Frau dann meist darauf.

Woraufhin ich brüllte: »Es gibt kein ›bisschen‹! Es gibt nur ›drehen‹ oder ›stehen lassen‹!«

An dieser Stelle der Unterhaltung zeigte mein Blutdruckmessgerät stets Werte im lebensbedrohlichen Bereich an. Daher rührt der Kosename meiner Frau: Sargnagel. Auf die Anzeige des Messgeräts tippend, erklärte ich die Unterhaltung sodann für beendet, was meistens funktionierte. Nur zweimal musste erst ein Notarzt kommen, um die Gattin auf andere Gedanken zu bringen.

»Scheiße!«

Laut fluchend hole ich die Rolle Haushaltspapier. Nachdem ich, wie oben beschrieben, vor die Couch gebumst bin, habe ich mir als Trost ein gut gekühltes Bier in mein Lieblings-Bierglas eingeschenkt, habe mich anschließend ohne weitere Verletzungen auf das Sofa gesetzt, dann aber beim Abstellen des Glases den Couchtisch verfehlt. Durch das Umstellen des Sofas ist nun der Arm zu kurz. Ich tupfe das geschlabberte Bier auf. Die Krone ist völlig im Eimer.

»Wie konnte das passieren?!«, frage ich mich und meine mein Nachgeben in Bezug auf die Umräum-Aktion. Dabei weiß ich die Antwort. Eiskalt hatte meine Frau einen Moment der Schwäche ausgenutzt. Und zwar hatten wir sturmfreie Bude mit allem, was dazugehört, auf dem Sofa! Und wie ich nach dem, was dazugehört, ermattet auf dem Polster hing, sagte meine Frau wieder ihren Standardsatz:

»Meinse nich, der Raum säh größer aus, wenn wir das Sofa …?«

Ich hatte gerade das gerade Erlebte noch einmal Revue passieren lassen und nickte anerkennend.

»Dann lass uns das doch am kommenden Samstag machen«, setzte sie eisenhart nach, »da ham wir Zeit!«

Dann gab sie mir einen dicken Kuss. Und mit dem Kuss war mein Schicksal besiegelt!

Sicher, irgendwann werde ich mich daran gewöhnt haben. Und die Surround-Anlage funktioniert auch. Aber was kommt dann?! Womöglich erinnert sie sich an meinen Satz, dass ich lieber die Einbauküche drehen würde! Eine Horrorvorstellung!

Ich muss dazu sagen, dass ich dauergebranntes Kind bin, dass dies nicht die erste Umräum-Aktion in diesem Haus war. Seit dem Einzug vor gut einer Dekade wurde immer mal wieder festgestellt, dass ein Zimmer für seine Bewohnerin zu klein, zu groß, zu dunkel, zu hell oder sonstwie unpassend sei. Es wurde getauscht, was das Zeug hielt. Zahlreiche Narben an meinem Körper zeugen noch heute von den Verwerfungen, die das für mich mit sich brachte. Einzig das Badezimmer ist noch da, wo es von Anfang an war. Da finde ich blind und ohne Verletzungen das Klo. Herrlich!

Ich bin meine Mutter

Das Telefon klingelt.

Ich sitze gerade vor meinem Computer und versuche einen lustigen Gedanken zu denken, den ich in die Tastatur tippen kann. Von Zeit zu Zeit so einen Gedanken zu haben, ist für einen Autor, der von lustigen Gedanken lebt, nicht schlecht, fällt aber manchmal schwer. Vielleicht hat der Autor unvorsichtigerweise in die Tageszeitung geschaut und eine der vielen schlechten Nachrichten gelesen, oder er hat aus dem Fenster geschaut und das Klima beim Wandeln beobachtet, oder er ist vor ein umgestelltes Sofa gelaufen. Und manchmal hat er all dies getan und trotzdem einen lustigen Gedanken. Oder vielleicht gerade deshalb.

Das Telefon klingelt immer noch. Es steht neben dem Computer. Das ist gut und schlecht. Gut, weil die räumliche Nähe der beiden Geräte oft praktisch ist; schlecht, weil sie sich oft als fatal für lustige Gedanken erweist. Natürlich nur dann, wenn das Telefon im falschen Moment klingelt. Dies ist ein eindeutig falscher Moment. Trotzdem gehe ich dran. Warum und wieso, das kann vermutlich nur ein Psychologe erklären. Oder Thomas Edison. Vielleicht hat der diesen »Wenn es klingelt, muss ich drangehen«-Effekt schon damals in seine Erfindung eingebaut.

»Ja?«, sage ich unwirsch, obwohl der Anrufer nichts dafür kann, dass ich drangegangen bin.

Allerdings handelt es sich um eine Anruferin. Aus gutem Grund hat man sich in dem Unternehmen,

DARF ich IHNEN EIN ANGEBOT MACHEN ?!
NEIN NEIN NEIN...

für das die Frau arbeitet, für Frauen entschieden, um diesen Job zu erledigen. Frauenstimmen haben so was Beschwichtigendes, zumindest für Männer. Und Beschwichtigung tut hier Not, denn die Frau ruft im Auftrag meines Telefonanbieters an.

»Spreche ich mit Siegfried Domke?«, fragt die Frau.

Kurz überlege ich, ob ich mich für meine Mutter ausgeben und ein paar Siechengeschichten zum Besten geben soll.

»Ich bin meine Mutter«, setze ich etwas unbeholfen an.

»Dann möchte ich Ihnen die neuen Tarif-Angebote erläutern«, sagt die Frau, ohne weiter auf meine Behauptung einzugehen. »Sie haben ja …«

»Ich möchte unter keinen Umständen irgendwat ändern!«, fahre ich dazwischen. »Und überhaupt steh ich grade kurz vor nem lustigen Gedanken.«

»Sie haben ja keine Flatrate für Handynummern«, sagt die Frau unbeirrt. »Da gibt es ein super Kombi-Angebot für Sie!«

Ich frage mich, wie sie das mit dem »lustigen Gedanken« einfach ignorieren kann? So einen Satz hört sie doch nicht alle Tage! Und dass jemand sich für seine Mutter hält, schon gar nicht!

»Das kostet nur …«

Ich unterbreche sie.

»Ich weiß nich, wat ich hab oder nich!«, sage ich mit Nachdruck, »aber dat will ich, wie gesacht, auf keinen Fall ändern! ›Ändern‹ hat mir immer nur Ärger eingebracht!«

»Das wäre aber wirklich …«

»Einmal hab ich wat geändert und ne komische Box zugeschickt gekricht, und der Typ am Telefon hatte mir versprochen, dat die jeder Idiot installieren könnte. Und wat war?! Ich hab die Box nich ansatzweise kapiert, bin also anscheinend, wat technischen Sachverstand anbelangt, noch unter nem Idiot angesiedelt! Ich musste nen entfernten Bekannten kommen lassen, mit nem Master in Elektrotechnik, und ihn zwei Tage bewirten!«

»Das ist aber in diesem Fall …«

»Ich möchte nix, aber auch gar nix ändern! Et soll allet so bleiben, wie et is, und zwar für immer und ewig! Schüss!«

Ich lege auf. Atme ein paarmal tief durch. Meine letzten Worte hallen in mir nach. Ich habe mich eigentlich immer für geistig einigermaßen beweglich gehalten. Tragisch, was Telefonanbieter aus einem Menschen machen können!

Alles Quark!

Ich stehe im Supermarkt vor dem Regal mit Kühlprodukten und suche Quark. Eine ganz bestimmte Marke soll es sein. Ich weiß aber nicht mehr, welche. Dabei habe ich mir den Namen auf den Einkaufszettel geschrieben.

Ich überlege kurz, ob ich wieder nachhause gehen soll, um auf den Zettel zu schauen. Darauf stehen ja auch die anderen Produkte, die ich mitbringen soll. Aber das geht dann doch gegen meinen Stolz.

Im Übrigen lasse ich Einkaufszettel fast immer zuhause liegen. Das ist so eine Art Gedächtnistraining für mich. Dann kann ich im Geschäft mein Gehirn so richtig fordern.

Ich beschließe also, nicht nachhause zu gehen, und sage mir, dass ich mich an die paar Dinge, die ich eigenhändig auf den Zettel geschrieben habe, ja wohl erinnern werde. Deshalb bin ich ja auch die zehn Minuten zu Fuß zum Supermarkt gegangen. Weil es nur ein paar Dinge waren. Die kann ich locker tragen.

Ich schaue wieder auf die Kühlprodukte. Sie reichen bis zum Horizont. Ich setze mich in Bewegung.

Ganze zehn Minuten später habe ich den Horizont erreicht. In der Zeit hätte ich auch nachhause gehen können. Aber gut, der Weg entlang des Kühlregals wäre mir vermutlich nicht erspart geblieben. Den Quark habe ich nämlich irgendwie übersehen. Ich gehe noch einmal zurück, langsam, den Blick auf die Artikel geheftet.

IMMERHIN ... 3 RICHTIGE !!!
EINKAUFS-ZETTEL

»Da isser!«

Ich frage mich, wie ich an der gigantischen Quark-Abteilung vorbeilaufen konnte und ob es überall so viel Quark gibt wie im Ruhrgebiet? Ich habe das Zeug allerdings weiter westlich vermutet. Vielleicht wurde umgeräumt! Dann läuft man mit seiner Vermutung ja ins Leere. Jedenfalls sehe ich nun Quark in allen Variationen: Magerquark, halb-fett, voll-fett, Kräuterquark, Kräuter-halb-fett, Frühlings-Schnittlauch-mager-bio und so weiter. Und das von gefühlt vierzig verschiedenen Herstellern!

»Bring unbedingt den XY-Quark mit!«, hatte meine Frau mir eingeschärft. »Die anderen schmecken nich!«

»Eine dürftige Bilanz!«, denke ich. »Zweihunderttausend Quark-Sorten, und nur einer schmeckt.«

Ich versuche durch intensives Brüten, das XY durch den Markennamen zu ersetzen.

»Is Ihnen nich gut?«, fragt ein Passant, der meinen leeren Blick fehlgedeutet hat.

»Ich soll Quark kaufen«, antworte ich.

»Ach du Scheiße!«, sagt der Mann und guckt mitfühlend.

»Und Sie?«, frage ich.

»En Deoroller.«

»Ach du Scheiße!«

Ich klopfe ihm mutmachend auf die Schulter.

»Womöglich noch ne bestimmte Marke!«, sage ich.

Er nickt.

»Von Sony.«

»Sony?! Seit wann machen die denn Deoroller?!«

Der Mann guckt verunsichert.

»Aber so was Ähnliches wie Sony!«, sagt er und blickt hilflos auf eine Palette mit Quarktaschen, die wohl von einem Azubi falsch zugeordnet wurden.

»Die Hygiene-Artikel-Abteilung liegt, glaub ich, auch weiter östlich«, versuche ich zu helfen. »Da bis du hier verkehrt.«

Ich hole meinen Kompass raus und deute in östliche Richtung.

»Danke dir!«, sagt der Mann.

Inzwischen duzen wir uns. Wir sind ja Schicksalsgenossen. Wir umarmen uns, dann schlurft er in gebeugter Haltung davon.

»Ich könnt schwören, sie hat ›Sony‹ gesagt!«, höre ich ihn murmeln.

Ich starre wieder auf die Quark-Päckchen und entdecke schließlich eines, das mir bekannt vorkommt. Ich stelle mir vor, wie es bei uns zuhause im Kühlschrank liegt.

»Könnte sein«, denke ich und lege es in meinen kleinen Einkaufskorb.

Einen Einkaufswagen brauche ich nicht. Ich will ja nicht viel kaufen. Außerdem sind immer, wenn ich vor dem Supermarkt stehe, alle Ein-Euro-Münzen aus meinem Portemonnaie verschwunden.

Jedenfalls habe ich mit der Entscheidung für den Quark schon viel erreicht. Dabei bin ich erst gute 25 Minuten im Laden.

Ich wandere weiter durch die Regalfluchten und versuche, mich an die anderen Dinge zu erinnern, die auf dem Einkaufszettel verewigt wurden. Ich entdecke alles Mögliche, darunter ein paar interessant aussehende Weinflaschen, und irgendwann ist der kleine Korb mehr als randvoll. Mit dem randvollen Korb wandere ich noch einmal zurück zur Quark-Abteilung. Inzwischen sind mir Zweifel gekommen, ob ich mit meiner Entscheidung richtig lag. Natürlich liegt der Quark ganz unten im Korb. Ich muss ordentlich wühlen und habe das halb-fette Zeug nun auch schon an den Fingern. Verärgert stelle ich das verdötschte Päckchen zurück ins Regal und nehme mir vor, der Supermarktleitung einen Brief zu schreiben mit der Forderung, dass auf den Weinflaschen Warnhinweise angebracht werden: Vorsicht schwer! Ja, was denn? Das ist moderat. Wäre ich US-Amerikaner, würde ich sie direkt auf 100.000 Dollar Schadenersatz verklagen.

Dann entscheide ich mich für eine Quark-Marke, die mich vorhin schon angelächelt hat, also, im übertragenen Sinn.

An der Kasse stelle ich mich mit untrüglichem Gespür dort an, wo es am längsten dauert, aber ich habe mir für heute eh nichts anderes vorgenommen, und außerdem ist es eine gute Übung im »Ruhe bewahren«. Schließlich bin ich an der Reihe, lege die Quark-verschmierten Artikel aufs Band und werfe der Kassiererin einen vorwurfsvollen Blick zu.

Auf dem Nachhauseweg fluche ich, wie jedes Mal, über meine Umweltfreundlichkeit. Natürlich habe ich viel zu viel gekauft und bin kurz davor, mir eine Lähmung zu schleppen.

Zuhause angekommen mache ich mich und alles sauber und schaue dann gespannt auf den Einkaufszettel. Immerhin drei Treffer bei sieben Möglichkeiten! Und das in meinem Alter, nicht schlecht! Der Quark ist allerdings verkehrt. Ich gehe also noch einmal zurück. Zu Fuß natürlich. Sind ja nur ein paar Teile, die ich noch kaufen muss. Und die kann ich mir auch merken. Ja, da brauche ich den Zettel nicht auch noch zu tragen!

Pflanzenmessi

»So langsam bist du sonne Art Messi!«

Das hat meine Frau neulich zu mir gesagt. Da fühlte ich mich natürlich geschmeichelt. Ich meine, was der Fußballgott Messi am Ball kann, das ist ja schon große Kunst. Der ist quasi so eine Art van Gogh des Kickens. Nur, dass der Messi noch beide Ohren hat und auch ein bisschen mehr auf der Tasche als der arme Vincent damals. Ich weiß nicht, ob er auch malen kann. Vielleicht mit den Füßen. Jedenfalls, mich mit dem zu vergleichen, das ist schon … Liebe!

Ich wollte meiner Frau gerade ein Kompliment zurückgeben und sagen, dass sie für mich ein Prinz wäre, also, ein Birgit Prinz, da fiel mir ein, dass die gar nicht Fußball spielt. Die Birgit nicht mehr und meine Frau überhaupt nicht. Und in dem Zusammenhang fiel mir ein, dass ich ja *auch* nicht Fußball spiele. Noch nicht mal »Uralte Herren«.

Ich vermute, das hat viel damit zu tun, dass ich auch als Kind nicht Fußball gespielt habe, oder nicht wirklich jedenfalls. Mich konnte man am ehesten zur Verwirrung des Gegners einsetzen. Der hat sich dann die ganze Zeit gefragt:

»Spielt der überhaupt Fußball, oder is dat Golf ohne Schläger? Und wennet Fußball sein soll, in wat für ne Position spielt der Heio denn? Innenverteidiger, Sturmspitze, Linksaußen, Rechtsaußen, ganz draußen …?«

Ja, ich war überall und nirgends. Meistens nirgends. Deswegen wurde ich oft nur als Joker aufgestellt, der

„FINGER WEG, DIE LEBEN DOCH NOCH!“

dann im letzten Moment nirgends zum Einsatz kam. Und irgendwann habe ich dann beim Fußball lieber nur noch zugeguckt.

Beim Sex ist das anders. Nicht nur bei mir, sondern allgemein, glaube ich. Du kannst da noch so lange nicht zum Einsatz gekommen sein, wenn dann der Ernstfall vor der Tür steht oder eher im Bett liegt, dann willst du meistens doch lieber mitmachen als nur zugucken. Selbst, wenn deine Talente da nicht in der Champions League angesiedelt sind. Aber Sex ist eben nicht Fußball, und ich kann mir auch nicht vorstellen, dass der jemals so eine Bedeutung haben wird auf der Welt. Vielleicht, weil Sex normalerweise kein Mannschaftssport ist. Da ist der Fußball natürlich im Vorteil. Na ja, das nur so nebenbei.

Jedenfalls habe ich mich dann gefragt, »wat meint sie denn mit dem Messi?« Und weil ich keine Antwort wusste, bin ich auf den Gedanken gekommen, sie zu fragen:

»Wat meins du denn mit dem Messi?«

Ja, dann stellte sich heraus, dass es mal wieder um das leidige Thema ging, dass ich keine Pflanzen wegwerfen könnte.

Man hört ja immer häufiger von Leuten, die sich von gar nichts trennen können, außer vielleicht von ihrem Partner, und deren Zuhause völlig zugemüllt ist mit Zeitungen, Verpackungen, Andenken an irgendwelche Urlaube und und und. Sogenannte »Messis« eben. Darüber gibt es ganze Fernsehserien, Sendungen mit hohem Herpes-Faktor, wo Zuschauer trotzdem –

oder gerade deswegen – Spaß daran haben, zuzuschauen, wie andere in ihrem Siff ertrinken.

Jedenfalls, ich wäre so eine Art Pflanzenmessi, meinte meine Frau. Grotesk! Aber es stimmt. Ich kann Pflanzen einfach nicht wegwerfen. Ich hänge an denen. Dabei esse ich welche, also, wenn sie vorher im Supermarkt waren und nicht bei mir im Blumenpott. Wenn auch mit schlechtem Gewissen. Aber nur Fleisch soll ja auch nicht gesund sein, und irgendwas muss man ja essen.

Bei meinem Pflanzenmessitum geht es also in erster Linie um Zimmerpflanzen. Die haben es eigentlich nicht ganz leicht bei mir. Ich meine, ich gieße die regelmäßig, aber das ist auch schon alles. Ansonsten müssen die gucken, wie sie klarkommen. Und das spornt die wohl irgendwie an. Die werden alle steinalt bei mir. Die haben dann oft kaum noch Blätter oder nur ganz am Ende, was bei einer acht Meter langen Ranke ein bisschen dürftig wirkt, aber die geben nicht auf. Und das finde ich anerkennenswert. Geradezu rührend! Zimmerpflanzen schmeiße ich nur weg, wenn ein Fachmann mehrfach deren Hirntod bescheinigt hat. Dann werden die in der braunen Tonne beerdigt.

Meine Mutter ist da ganz anders. Die schenkt mir zu Weihnachten einen Christstern und sagt dann am 27. Dezember, »tu den wech, Weihnachten is vorbei!«

Ja, der hat sich doch nicht selbst »Christstern« getauft! Mit Weihnachten hat so ein Stern vermutlich gar nicht viel am Hut. Vielleicht ist der sogar ganz und gar unreligiös. Und hat aber trotzdem die Arschkarte, nur weil den irgendein Hansel so genannt hat, und seitdem denken alle, der gilt nur an Weihnachten. Das ist ein ideologisches Verfallsdatum ist das!

Ich habe den Christstern natürlich stehenlassen. Und immer wieder musste ich mir anhören, »tu den wech!« Über Jahre! Irgendwann habe ich den natürlich schon aus reinem Trotz stehenlassen. Auch, als der dann eindeutig tot war. Ja, ich hab noch lange Zeit an eine Auferstehung geglaubt.

Jedenfalls ist das ja so: Pflanzen wachsen und nehmen mehr Raum ein, ab und an kriegt man eine geschenkt, die auch wieder wächst, und irgendwann wird es eng in der Hütte. Dschungelartig, könnte man auch sagen. Wir haben aber auch sonnige Räume! Der Vorteil ist dabei, du brauchst nicht mehr streichen oder tapezieren, ist ja alles naturgrün. Und auch viel gesünder! Klimawandel ist bei uns zuhause kein Thema. Da wird Sauerstoff produziert wie in einem Zelt. Und Staubwischen brauchst du auch nicht mehr. Wenn man die Pflänzkes alle paar Wochen abduscht, dann glänzen die wieder. Anschließend empfiehlt sich feuchtes Durchwischen.

Ja, und wo Flora ist, da ist auch Fauna, und man hat immer was zu gucken. Das ist auch nötig, weil der Fernseher schon seit Jahren komplett zugewachsen ist. Wenn wir uns doch mal eine Sendung anschauen wollen, zum Beispiel »Die Maske« oder ein Fußballspiel, muss meine Frau die ganze Zeit die Blättergardine, die den Bildschirm überlappt, hochhalten. Das ist jetzt weniger schlimm, als es sich anhört. Für Fußball interessiert sie sich ja nicht sonderlich.

Aber mit ein bisschen Fantasie kann man sich im heimischen Dschungel auch ohne Glotze gut beschäftigen. Ich trage zum Beispiel öfter nur einen Lendenschurz. Ganze Tage lang. Um meine Frau zu animieren, es mir nachzutun. Da würde mir vieles einfallen, was man dann zu zweit in dem Outfit machen könnte so im Dschungel. Aber sie hält das für affig. Na ja, die Geschmäcker von Mann und Frau sind eben unterschiedlich, trotz aller Gleichberechtigung.

Nach der Bemerkung mit dem Messi hielt mir meine Teuerste obendrein noch eine Gardinenpredigt:

»Sigi, sowat, wat du has, dat muss behandelt werden. Überleg dir dat, sonst zieh ich aus!«, drohte sie. »Ich vereinsam hier sozial. Wir könn ja nur noch Tiere einladen! Und die haben dann dafür aber unheimlich Sitzfleisch und wollen gar nich mehr gehen.«

Da war ich unter Zugzwang. Ich habe dann wirklich eine Therapie angefangen bei einer Psychologin. Die macht das ganz behutsam. Bei der zweiten Sitzung musste ich einen halbvertrockneten Ficus mitbringen, und wir beide mussten uns dann von ein, zwei Blättern trennen. Wir sind auch ganz gut damit zurechtgekommen, auf jeden Fall der Ficus. Zuhause hatte ich dann allerdings direkt den ersten Rückfall. Da habe ich die Blätter wieder angeklebt.

Na ja, mal sehen, wie das ausgeht. Klar ist jetzt schon, dass die Therapie ganz schön ins Geld geht. Dafür könnte ich eine Menge Zimmerpflanzen kaufen!

Die Zeiten sind vorbei

Neulich habe ich mal wieder festgestellt, dass ich immer weniger selber machen kann. Aber nicht, weil ich gebrechlich werde. Das werde ich zwar auch, aber das ist jetzt nicht der Grund. Das mit dem »weniger selber machen«, das betrifft auch nicht nur mich, das ist, glaube ich, ein allgemeines Phänomen der heutigen Zeit. Es sei denn, man ist aus der heutigen Zeit ausgestiegen und lebt wieder als Jäger und Sammler. Ich habe mich natürlich schon oft gefragt, ob das was für mich wäre? Dinge sammeln könnte ich gut! Aber jagen? Schnäppchen vielleicht …

Wie dem auch sei, natürlich gibt es in unserer technisierten Welt immer mal wieder Spezialisten, die in bestimmten Bereichen noch was selber hinkriegen. Zum Beispiel kriegen die hin, einen neuen Computer ans Laufen zu bringen, richtig mit Installieren von den Programmen und den ganzen Schutzvorrichtungen.

So ein Computer muss ja mittlerweile eine Art Hochsicherheitstrakt sein, aber nicht, damit da keine Kriminellen rauskommen, sondern damit keine reinkommen und alles kaputtmachen.

Kaputt sind die trotzdem oft, aber es gibt tatsächlich Leute, die auch eine Reparatur selber machen können. Wahnsinn! Natürlich ist das nur eine Handvoll, die so was kann. Der Rest wird wahnsinnig, wenn irgendwas nicht funktioniert.

Früher, wenn sich bei einer Schreibmaschine mal diese Tippdinger ineinander verhakt hatten, dann konnte

UND WER IST DER TYP?!
DAS IST IHR PERSÖNLICHER MECHATRONIKER…
… NATÜRLICH AUCH GEBRAUCHT!
TACH!
GEBRAUCHT
ANGEBOT

man die doch selbständig wieder enthaken. Gar kein Problem! Oder das Farbband wechseln, wenn die Farbe verbraucht war. Und mehr gab es doch praktisch nicht, was passieren konnte. Da tauchten dementsprechend auch nicht ständig Warnhinweise auf, dass die Schreibmaschine höchstwahrscheinlich gleich den Löffel abgeben würde, wenn man nicht endlich etwas täte, was man nicht kapierte. Da wäre auch jede Tippse auf die Barrikaden gegangen.

»Die Zeiten sind vorbei. Schade!«, sagte meine Oma immer.

Und ich sage das jetzt auch. Da ändern sich die Zeiten dann doch wieder nicht.

Wobei ich jetzt niemand bin, der gerne viel selber macht. Bis auf Ausnahmen wie vielleicht Kaffee oder Liebe. Aber handwerklich, da kannste mich mit jagen! Wobei zur Liebe, zumindest zur körperlichen, ja auch ein gewisses Handwerk und Praxiswissen gehört. Nur mit tollen Ideen allein kannste da nix reißen. Du musst die auch umsetzen können. Und nicht nur irgendwie, es soll ja auch noch gut aussehen.

Jedenfalls bin ich wirklich alles andere als ein Bastler, einer der denkt, »och, Decke verputzen hab ich noch nich gemacht, is aber ne Herausforderung. Probierse ma!« So was brauche ich nicht. Nein, wirklich, die Bestätigung, dass ich das nicht kann, die hole ich mir lieber woanders.

Aber immerhin ist das Handwerk noch ein Bereich, wo ich mir teilweise doch zutrauen würde, was selbst zu machen. Wenn Not am Mann wäre. Das galt früher auch für das Auto. Wenn da mal Öl nachgefüllt werden musste oder eine Birne gewechselt, da war ich zwar nicht der Erste, der sich gemeldet hat, aber wenn es sich gar nicht vermeiden ließ, bin ich das Problem angegangen. Da habe ich die Motorraumhaube aufgemacht und konnte tatsächlich erkennen, wo der Ölmessstab steckte und wo man das Öl hineinkippen konnte. Heute machste die Haube auf und siehst den Motor gar nicht mehr. Der ist verpackt! Und auspacken können den nur noch Spezialisten. Die nennen sich heute nicht mehr »Schrauber von umme Ecke«, sondern Mechatroniker, und die müssen mehr Ahnung haben von Computern als von Auspüffen. Und das Obergemeine an der ganzen Angelegenheit ist dabei, dass es immer mehr Teile am Auto gibt, die kaputtgehen können. Und die tun das dann auch.

Der Mechatroniker ist mittlerweile der ständige Begleiter des geplagten Autofahrers. Gut vorstellbar, dass irgendwann mit dem Erwerb eines Autos ein eingebauter Mechatroniker im natürlich entsprechend erhöhten Preis inbegriffen ist und man den dann auch noch durchfüttern muss!

Meine Frau hat auch so eine Kiste, an der immer was dran ist, was man nicht selbst reparieren kann. Wobei, der Motor ist ein Diesel, der ist unkaputtbar. Der würde auch noch laufen, wenn der Rest des Wagens sich schon zersetzt hätte, aber was willste nur mit dem Motor?! Und der Rest, der macht uns kolone! Besonders in der Elektronik ist irgendein Wurm drin. Oder ein Virus. Was weiß ich. Plötzlich gehen die Türen nicht mehr auf oder ein Fenster geht nicht mehr runter, oder noch besser, nicht mehr rauf. Oder der Abstandanzeiger geht auf Dauerton, obwohl überhaupt kein Abstand da ist. Am nächsten Tag ist manchmal wieder alles tacko. Die Elektrik führt ein eigenwilliges Eigenleben. Bescheuert!

Neulich waren wir in Eile, weil wir dringend wegmussten. Wir sitzen im Auto, meine Frau startet, will losfahren, und ich gucke so auf den Außenspiegel.

»Wat is denn mit dem Spiegel? Der is ja völlig windschief!«, sage ich.

»Ach, daher kam dat Geräusch!«, sagt meine Frau.

Es stellte sich heraus, dass sie am Morgen mit dem Spiegel irgendwas angetitscht hatte, vermutlich eine Baustellenabsperrung. Die stehen ja überall und laufen den Parkhauswänden so langsam den Rang ab in Sachen Autowerkstatt-Sponsoring. Mit dem windschiefen Ding konnte man nicht fahren.

Ich steige aus, schaue mir die Sache an und sage:

»Komm, wir pinnen dat Scheißding fest! Am besten, indem wir da irgendwo Pappe in den Halter reinquetschen.«

Also ein Vorschlag, das Problem fachmännisch zu lösen, so, wie das früher auch funktioniert hätte.

Was macht meine Frau? Drückt stattdessen auf den automatischen Spiegelversteller, um zu gucken, was passiert, woraufhin der kleine Elektromotor von dem Außenspiegel Amok lief. Der fing an zu brummen u[illegible] hörte nicht mehr auf, und der Spiegel machte Be[illegible] gungen, wie ein außer Kontrolle geratener Ro[illegible] einem Science-Fiction-Film.

»Warum hörs du nich auf meinen fachmännischen Vorschlag!«, sage ich vorwurfsvoll. »gez ham wir den Salat! Und wir müssen doch weg!«

»Keine Panik!«, entgegnet sie, »ich drück einfach auf den Auto-Ausmacher, dann kricht der Tünnes von Spiegel kein Saft mehr.«

Ja, sie drückte, aber der kriegte noch Saft, irgendwoher aus unergründlichen kosmischen Quellen.

»Scheiß Elektronik!«, fluche ich, auch zunehmend außer Kontrolle geratend.

Aber meine Frau ist da anders, erwachsener. Die bleibt in solchen Situationen ganz ruhig.

»Keine Panik, ich steig ma aus und schließ die Kiste zu, dann is die ganz aus, und dann *kann* ja kein Saft mehr da sein.«

Sie ausgestiegen und mit dem elektronischen Türzumacher die Türen zugemacht, und damit war das Auto dann wirklich voll und ganz aus. Nur der Spiegel nicht. Der brummte und brummte, ich fluchte und fluchte, so dass die ersten Nachbarn auf den Plan gerufen wurden. Was denn los wäre?

»Der Sauhund von Spiegel hat ein weg, grad gez, wo wir et eilig haben, weil wir wegmüssen!«, erkläre ich.

Da sagt einer aus der zweiten Reihe:

»Macht dochma alles aus, dann kricht der keinen Saft mehr.«

Alle am nicken.

»Ihr Strategen habt mir noch gefehlt!«, bölke ich. »Spart euch gez bloß irgendwelche weiteren Schlaumeierkommentare, sons dreh ich durch! Wat meint ihr, wat dat Auto is?! Seht ihr da irgendwo noch wat leuchten?! Dat is aus! Tot! Bis auf den beschissenen Spiegel!«

Da traut sich doch tatsächlich einer zu sagen, »dat is bestimmt die Elektrik!«

Da bin ich durchgedreht!

»Gez reicht et mir!«, brülle ich. »Ich tret den Scheißkerl weg und kuck dann ausm Fenster!«

Also, als Spiegelersatz, meinte ich, wenn wir denn danach wieder hätten einsteigen und losfahren können. Der Nachbar hat das mit dem »Scheißkerl« aber auf sich bezogen, und das mit dem »Fenster« muss er auch irgendwie in den falschen Hals gekriegt haben. Jedenfalls kommt er auf mich zu mit einem ganz beeindruckenden Gesichtsausdruck. In dem Moment kommt meine Frau nicht mehr ins Auto. Sie wollte sich wohl in Sicherheit bringen. Aber alle Türen blockiert. Die alte Krankheit! Und da ist *sie* durchgedreht! Sie guckt den Nachbarn an, mit so einer ganz wahnsinnigen Mimik, so dass der direkt ein paar Schritte zurückweicht, und dann sagt sie:

»Wisst ihr wat?, wir gehn gez einfach zu Fuß, die Bude is doch nur fünf Minuten weit weg!«

Und das haben wir dann verdammt noch mal auch gemacht! Die Nachbarn waren ganz beeindruckt, und der Streit war vergessen. Und als wir wieder zurück waren mit der frisch gekauften Telebar, war auch das Brummen nicht mehr da. Die meisten Sachen regeln sich ja doch von selbst. Oder weil die Batterie leer ist.

IHR SOLLT MICH DOCH NICHT STÖREN, WENN ICH KOCHE!
SCHON WIEDER NUDELN ??!
NUDELN MIT WATT ?!
NUDELN

Rezepte im Schwarzen Loch

Also, ich bin ja wirklich Koch aus Leidenschaft davon das Gegenteil. Das heißt, ich koche nur im Notfall. Wenn es sich gar nicht vermeiden lässt. Dabei esse ich gerne. Und nicht nur im Notfall.

Aber Kochen?!

Der Ärger fängt schon damit an, dass ich erst mal eine Idee hervorzwingen muss, was ich denn überhaupt kochen möchte, wobei von »möchte«, wie gesagt, keine Rede sein kann. In der Kochideen-Abteilung ist bei mir im Kopf im Prinzip ein Schwarzes Loch. Das heißt, da kann nichts draus entweichen, und man kann auch nicht hineingucken, ob überhaupt was drin ist. Alles schwarz! Dabei sind ja ab und an schon Gerichte darin *gelandet*. Ich esse ja schließlich, und ich koche auch mal. Aber die fabrizierte Speise wird anschließend sofort dem ewigen Vergessen anheimgegeben oder landet vielleicht auch über das Schwarze Loch in einem anderen Universum, wo die sich dann wundern, wo auf einmal die Rezepte herkommen. Auf Essen-Steele kommen die nie.

Der Kosmos ist ja überhaupt voller Rätsel! Jetzt hat man vor kurzem erst festgestellt, dass das Universum immer schneller vor sich selbst wegläuft. Oder besser, fliegt. Also, die einzelnen Teile fliegen weg, Sonnen, Planeten, Schwarze Löcher und damit auch meine Rezepte. Normalerweise wird ja alles langsamer, weil den Sachen die Puste ausgeht. Das Universum kriegt aber immer mehr Puste. Woher?! Das ist so, als würde in der

Bundesliga, sagen wir mal, der Götze einen Ball aufs Tor schießen, und anstatt dass das eine schöne Bogenlampe gibt, wird der Ball immer schneller, fliegt aus dem Stadion hinaus und ist weg. Das würde das Spiel deutlich unattraktiver machen. Man könnte ja nur noch flach schießen. Worauf wollte ich jetzt hinaus? Ah ja, Kochen!

Wenn dann also, gegen alles Erwarten, doch mal eine Kochidee im Schädel auftaucht, wie zum Beispiel, »ach, machse ausnahmsweise ma wat mit Nudeln!«, dann kann ich sicher sein, dass keine Nudeln im Haus sind. Nirgendwo, nicht einmal im Keller, obwohl im Keller ziemlich viel ist. Ja, und sonst ist alles meistens aus, außer Nudeln.

Na ja, jetzt steht die kostbare Nudelidee im Raum, und ich will sie nicht so leicht fallenlassen, das heißt, vor dem Nudelkochvorgang steht der Nudeleinkauf. Bei der Gelegenheit könnte ich eigentlich auch direkt was für die nächsten Tage mit einkaufen, wenn da nicht wieder das Schwarze Loch wäre.

Im Laden stehend und unter einem gewissen Druck – die andern Kunden gucken ja und denken, »wat steht denn da fürn leeres Gesicht, ist der Eigentümer dement?« –, also, da fällt mir erst recht nicht ein, was ich am nächsten Tag kochen könnte und dementsprechend einkaufen. Wer kann auch so weit im Voraus denken? Ich nicht. Also kaufe ich Nudeln und Wein. Wein geht ja immer. Und der fällt mir auch immer ein. Das heißt, mit der Wahl der Getränke zum Essen habe ich keinerlei Probleme. Mit der Auswahl der Nudeln schon! Heutzutage gibt es ja fast so viele Nudel- wie

Quarksorten: Spaghetti, Spaghettini, Spaghettoni, was weiß ich …

Wenn die Nudeln dann nachhause gebracht sind, heißt et, erst mal das Rezept studieren! Frische Nudeln muss man ja viel kürzer kochen als unfrische. Da geht der Ärger schon weiter. Wobei, nur Nudeln, ohne was, das geht eigentlich. Das kriege ich hin. Und meine Tochter isst das sogar am liebsten. Vielleicht nicht jeden Tag, aber …

Richtig stressig wird es für mich aber erst, wenn noch andere Klamotten zuzubereiten sind, also, mit »Klamotten« meine ich jetzt zum Beispiel eine Soße oder eine Beilage wie grüner Salat. Der will ja geputzt sein, ein bisschen zerrupft, und der schreit nach einem Dressing. Der Magen auch, weil der ja Salat pur angeblich gar nicht verdauen kann. Pures Grünzeug würde wieder ausgeschieden, leicht angegammelt allerdings und nicht mehr verwendbar.

Da fragt man sich, warum die Natur das so eingerichtet hat? Wir könnten uns alle viel Zeit und Arbeit sparen, wenn wir Kühe wären! Oder wenn wir zumindest deren Mägen hätten. Ein Kuhmagen braucht ja kein Dressing. Allerdings, wenn wir deren Mägen hätten, hätten die Kühe ja keine mehr, könnten nicht mehr verdauen und wären über kurz oder lang tot. Auch nicht wünschenswert. Wo käme dann die Milch her? Andererseits würde auch nicht so viel Methan in die Atmosphäre gefurzt. Ein komplexes Problem also …

Jedenfalls sind das viele Einzelaktionen bei so einem aufwendigen Gericht mit Salat, sehr viele! Wenn ich dann lese, was die Strategen im Kochbuch da an Zubereitungszeit veranschlagen, dann kann ich nur lachen. Oder heulen. Das stimmt nie! Das ist immer zu wenig! Und zwar kommt das daher, weil die sagen, dass, während die Nudeln kochen, dass man da parallel immer noch was anders machen soll. Also zum Beispiel die ganzen Aktionen, die ich gerade geschildert hab: Salat putzen, rupfen, Dressing und Soße! Ja, wie soll das bitte schön gehen?! Ich muss mich doch schließlich auf die Nudeln konzentrieren! Die dürfen ja nicht überkochen. Oder zu wenig. Nicht zu kurz, nicht zu lange. Da ist all meine Aufmerksamkeit gefragt. Deswegen mache ich alle Schritte immer einzeln nacheinander und fange damit meistens auch mittags schon an, also direkt nach dem Einkaufen. Für das Abendessen wohlgemerkt!

Und wenn ich an solch einem Tag nix anderes zu tun habe, dann geht das auch mit dem Stress, dann kriege ich das bewältigt. Aber es kostet schon Zeit, die woanders dann fehlt, zum Beispiel bei der Rentenvorsorge. Arbeiten ist an Kochtagen nicht auch noch leistbar. Wobei ich lieber arbeiten täte. Oder tu. Das macht mir auch mehr Spaß.

Jetzt höre ich natürlich die Stimmen, vorwiegend Frauenstimmen, die sagen, Multitasking kann der gar nicht! Aber das stimmt nicht! Ich kann zum Beispiel ohne Probleme aufpassen, wie das Wasser heiß wird, und dabei Radio hören. Also, jetzt nicht unbedingt einen Wortbeitrag, aber Musik … kein Problem! Was Leichtes natürlich nur, zum Beispiel »Er hat en knallrotes Gummiboot« von Wencke Myrrhe. Ich weiß gar nicht, ob dieses Lied noch allgemein bekannt ist. Man sollte es aber kennen, weil, es wurden nicht viele Lieder zu diesem Thema geschrieben.

Trotz des Kochwiderwillens muss ich sagen, finde ich es aber andersherum blöd, dass immer weniger gekocht wird, besonders von anderen. Alle gucken diese Kochsendungen im Fernsehen, aber schieben sich dann Fertiggerichte in den Balg und sehen dann ja auch so aus: völlig fertig! Dann lieber Nudeln ohne was!

Ach, ich wünsche mir oft, ich wäre eine Pflanze. Schön mit Chlorophyll auf der Haut, statt Haaren. Die sind ja sowieso nur lästig und müssen dauernd in Schach gehalten werden. Ja, und dann Sonne tanken! Dann müsste ich auch nicht so viel Zeit auf dem Klo verbringen. Das ist irgendwie falsch geplant! Und wissen Sie, was meine Vermutung ist? Möglicherweise steckt da dasselbe Etwas dahinter, das dem Universum die Puste zum Auseinanderfliegen verleiht! Wenn ich das erwische!

Siechtum und Speiseplan

Das Telefon klingelt.

Ich bin gerade im Bad, noch nicht ganz fertig mit den abschließenden sanitären Verrichtungen einer Verdauungsaktion, und sage, »Scheiße!« Weil ich seit Stunden händeringend auf einen Rückruf warte. Gerade ringen die Hände allerdings nicht, sondern sind nass und noch halb eingeseift. Ich hechte trotzdem ins Wohnzimmer zum Apparat, damit mir der Anrufbeantworter nicht wieder zuvorkommt. Die Dinger sind ja so ungeduldig. Und oft legt der Anrufer dann sofort auf, wenn meine Ansage ertönt und mitteilen möchte, dass ich gerade nicht zu sprechen bin. Das muss aber doch nicht bedeuten, dass ich nicht zuhause bin. Vielleicht bin ich nur kurzzeitig verhindert. Da kann man doch ein wenig Geduld aufbringen, sich die nette Ansage anhören, auf den Piepton warten und dann auf den AB sprechen, dass dies der händeringend erwartete Rückruf sei und ich ja wohl zuhause sein müsse. Wenn nichts passiert, kann man vielleicht noch mit einem Witz überbrücken, und in der Regel habe ich es in der Zeit ja bis an den Apparat geschafft. Wobei es natürlich kaum etwas Nervigeres gibt als Leute, die einem den AB vollquatschen oder gar Witze erzählen, wenn es um gar nichts Wichtiges geht.

Jedenfalls schnappe ich mir den Hörer des Schnurlosen oder will ihn mir schnappen, aber wegen des Seiferests flutscht mir das Ding aus der Hand und unter die Kommode. Mit Schnur wäre das nicht passiert.

Ich komme auf meine Äußerung von eben zurück und wiederhole sie mit Inbrunst:

»Scheiße!«

Ich wische die Seife in einen zufällig bereitliegenden Pulli, höre aus der Ferne meine nette Ansage, hechte nochmals, diesmal in Richtung Auslegware, und greife mir den blöden Hörer. Das Piepen von der Feststation sagt mir, dass der Anrufer aufgelegt hat.

»So ein Blödmann!«, denke ich.

Aber wenn er angerufen hat, muss er ja jetzt erreichbar sein. Ich muss nur die Rufnummer im Display ablesen und nun meinerseits zurückrufen. Ich lasse mir mit einem gekonnten Knopfdruck die Zahlen anzeigen, kann sie aber nicht lesen. Sie sind einfach viel zu klein, wie fast alle Zahlen und Buchstaben heutzutage. Ich mache mir einen mentalen Vermerk, mir demnächst ein Senioren-Telefon zu kaufen, mit großem Wählfeld und Riesenzahlen im Display. Nehme mir außerdem vor, endlich die Bedienungsanleitung von meinem Telefon zu lesen. Vermutlich gibt es irgendwo eine Funktion, mit der man den letzten Anrufer zurückrufen kann, ohne dass man die Nummer neu eingeben muss. Warum muss ich dazu die für mich völlig unverständliche Bedienungsanleitung lesen?! Warum kann es nicht eine Taste geben oder einen großen Hebel, wo in Riesenbuchstaben draufsteht »Letzten Anrufer zurückrufen«. Das Leben könnte so einfach sein!

Ich schlage mir an die Stirn und storniere mein Vorhaben mit der Bedienungsanleitung. Das macht doch überhaupt keinen Sinn, wenn ich mir demnächst ein neues Senioren-Telefon kaufen will. Dann ist die alte Anleitung doch nicht mehr als Altpapier. Der neue Apparat wird doch ganz andere Sachen können, zum Beispiel beim Telefonieren ganz nebenbei den Blutdruck messen.

Ich gehe in mein Arbeitszimmer und nehme mein Telefonverzeichnis zur Hand, um die Nummer herauszusuchen. Wer hat nur diese winzigen Zahlen da reingeschmiert?! Immerhin kann ich erkennen, dass die Nummer nicht drinsteht. Gut so, ich hätte sie sowieso nicht lesen können. Ich mache einen mentalen Vermerk, mir nun doch, wie von Menschen, die mir nahestehen, gefordert, eine Lesehilfe anzuschaffen. Ich denke dabei an eine Bürokraft mit Sehkraft auf 400-Euro-Basis.

Jedenfalls muss die Nummer auf einem der Zettel notiert sein, die in kleinen Häufchen auf meinem Schreibtisch liegen. Ich bin gerade beim dritten Häufchen angelangt, da klingelt das Telefon erneut. Erleichtert greife ich zum Festnetz-Hörer. Das mit den Häufchen hätte noch dauern können.

»Na endlich!«, sage ich.

»Dat find ich aber auch!«, sagt meine Mutter. »Ich dacht schon, ich hör nie mehr wat von dir!«

Nun bin ich ja einer, der noch regen Kontakt mit seiner Mutter hat. Dass ich nie den Wohnort gewechselt habe, macht die Sache sicherlich einfacher. Andere Kinder von Eltern verschlägt es ja beruflich oder privat unter Umständen ans andere Ende der Welt, und da kann so ein Kontakt schon mal einschlafen, wenn man sich ein bisschen drum bemüht. Aber wir sehen uns regelmäßig, meine Mutter und ich, und telefonieren tun wir noch regelmäßiger. Für mich ist das jedenfalls ganz schön regelmäßig, selbst, wenn ich mal vergesse anzurufen.

Meine Mutter ist eine liebenswerte, immer noch recht rüstige alte Dame mit viel Kontakt zur Außenwelt. Da gibt es also immer etwas zu berichten. So ein Bericht kann sich in die Länge ziehen. Ich seufze ahnungsvoll.

»Alles in Ordnung?«, fragt meine Mutter, »du klings so komisch.«

»Alles in Ordnung«, sage ich, »ich muss nur gerade dringend telefonieren!«

»Dat trifft sich ja gut! Stell dir vor, heut Morgen war ma wieder der Holländer aufm Markt! Der mit dem Käsestand. Man konnte den aber kaum verstehn.«

»Vielleicht hat er Holländisch gesprochen«, werfe ich ein.

»Der hatte doch den Schlachanfall! Hab ich dat nich erzählt? Man wusste doch gar nich, ob der nochma wiederkommt. Gez stand er da, die eine Seite ganz schief. Ich sach, jaaa, wenn man nich gesund is, is alles Käse.«

Ich frage mich, ob der Holländer Sinn für Humor hat. Meine Mutter nutzt mein Schweigen.

»Der Blomeier kann ja auch nix mehr, seit der gefallen is. Ich hab seine Frau getroffen gestern im Fahrstuhl. Ganz schlecht!, sacht sie. Und die wollten doch noch neu tapezieren!«

»Aha«, sage ich.

Der Name »Blomeier« sagt mir gar nichts.

»Gez liegt er da!«, fährt meine Mutter fort, »die Frau is fix und fertich! Die ganzen nackten Wände!«

»Nackte Wände?«

»Na, die Tapeten waren doch schon abgekratzt!«

»Besser die als der Mann«, sage ich, um der Sache etwas Positives abzugewinnen.

Das Schnurlose klingelt. Vielleicht versucht es der dringend erwartete Anrufer noch mal. Aber das Schnurlose ist weit weg.

»Die Elli Sandkorn is gez gestern auch schon drei Jahre tot!«, sagt meine Mutter.

»Du, Mama, da klopft jemand an«, sage ich.

»Bei mir nich.«

»Nee, bei mir. In der Leitung.«

»In der Leitung?!«

»Ich leg dich mal eben hin. Bin gleich wieder …«

Ich lege den Hörer auf den Schreibtisch, verstehe noch, dass sie sich schon hingelegt hatte, sprinte die Treppen runter ins Wohnzimmer und höre das Klingeln nun ganz deutlich. Leider kann ich das Telefon nicht sehen. Ich mache mir eine mentale Notiz, mir nie wieder einen schnurlosen Apparat zu kaufen. Als ich es endlich unter dem seifigen Pulli entdecke, hört es auf zu klingeln.

Mit düsteren Gedanken gehe ich zurück zum Festnetz, nehme den Hörer und halte ihn ans Ohr.

»Da hab ich drei Tage von«, sagt meine Mutter gerade, »aber die waren ja im Angebot! Einfach nur Möhrchen und Kartoffeln. Ich hab ja gar keinen Hunger mehr.«

»Kein Wunder«, denke ich.

»Der Willi aus Kleve kann ja auch überhaupt gar nix mehr essen!«

Ich erinnere mich dunkel an einen Willi, den ich vor Jahren einmal gesehen und als ziemlich korpulent in Erinnerung habe.

»Aber abnehmen würd er nich«, sagt meine Mutter.

Die Erinnerung stimmt also noch, trotz der nicht vorhandenen Nahrungszufuhr.

»Na, dat sind so die Neuigkeiten. Aber ich mach ma Schluss, du has ja bestimmt wieder viel zu tun«, sagt sie wie aus heiterem Himmel.

Aber darauf falle ich nicht rein. Ich hake das dringende Telefonat ab – so wichtig war es nun auch wieder nicht, es ging nur um Geld – und mache es mir mit einem Notfalltropfen, von dem aus gutem Grund immer ein Fläschchen auf meinem Schreibtisch steht, bequem. Die Ankündigung, Schluss zu machen, erweist sich denn auch als leere Versprechung. Der Bericht pendelt weiter zwischen den Polen »Siechtum« und »Speiseplan« hin und her.

»Der Anton is gar nich mehr ansprechbar. Sein Bruder Jupp seit 20 Jahren tot. Wer weiß, ob man sich nochma sieht. Die fertigen Frikadellen waren nix. Bald is dat Jahr auch wieder rum. Spitzkohl für vierzehn Tage!«

»Gleich kommt das ›Gartenthema‹«, denke ich.

»Wat hatten wir früher Kohl im Garten! Weiße noch?«

Da ist es!

»Und überhaupt, auch die anderen Sachen, dat warn ja Früchte, die warn ja oft so groß, dat war regelrecht unheimlich!«

»Vielleicht mutiert vom vielen Kohlenstaub«, werfe ich ein, um mal wieder was Vernünftiges zu sagen.

»Damit is der Papa nacher Ernte ersma durch ganz Schonnebeck gegangen. Stolz wie Oskar! Und ich musste dat dann alles schnibbeln. Furchtbar! Übrigens, der Oskar Kowalski, der hat seit seiner Operation gez nur noch eine Leber!«

Wie ich so dumpf dasitze und die Geschichten an mir vorüberziehen lasse, die das gesammelte Elend aller Menschen im Einzugsbereich meiner Mutter enthalten, bemerke ich irgendwann einen kathartischen Effekt.

»Was sind meine kleinen Wehwehchen, die belanglosen Sorgen, der Alltagsstress, gegen diese geballten Schicksalsschläge?«, frage ich mich.

»Nichts!«, antworte ich.

»Wat is ›nichts‹?«, fragt meine Mutter.

»Ach, nichts«, sage ich, »erzähl ruhig weiter, dat tut gut!«

Irgendwann beendet meine Mutter das Telefonat, weil sie noch telefonieren muss.

Ich lege auf, dankbar für den Anruf, und fühle mich rundum gesund und glücklich. Ich mache eine mentale Notiz, dass ich sie spätestens übermorgen wieder anrufen will. Das Glücksgefühl hält an, bis meine Frau nachhause kommt und sich furchtbar über den eingeseiften Pulli aufregt.

»Wat is dat schon, verglichen mit dem Elend in Schonnebeck und dem Rest der Welt!«, sage ich relativierend.

Damit ist der Abend gelaufen.

PUP
... AUTSCH ?!

Stehen geht

Donnerstag, morgens, total früh. Wache auf mit einem Hexenschuss. Im Rücken hat's geknallt. Aber frag nicht nach Sonnenschein! Ich frage auch nicht; um die Uhrzeit ist es ja noch stockdunkel.

Der Schuss ist vermutlich schon irgendwann in der Nacht losgegangen. Kann mich an einen Traum erinnern, in dem ich Verrenkungen gemacht habe. Auf einem Spielplatz. Und das in meinem Alter! Auf dem Spielplatz habe ich mich, das muss ich der Erklärung halber dazu sagen, wegen eines Enkelkindes aufgehalten, vermutlich eines von mir. Es sah zwar so ein bisschen aus wie Otto, aber so was träumt man ja manchmal, gerade wenn man schläft. Im Wachzustand habe ich gar kein Enkelkind, schon gar nicht eines, das aussieht wie Otto.

Ein Wunschtraum? Glaube ich nicht. Jedenfalls nicht, wenn meine Tochter irgendwann mal eine Tochter kriegen sollte.

Ich habe mich dann, vermutlich um dem Enkel-Otto zu imponieren, an einem Felgaufschwung an der Stange versucht, und den sollte man in meinem Alter nun gar nicht mehr machen, nicht einmal im Traum! Ich erinnere mich noch an ein schmerzhaftet Ziepen im unteren Rückenbereich und dann an nichts mehr. Da bin ich wohl trotz der Schmerzen noch mal traumlos weggeknackt und erst jetzt am Morgen von den Folgen der Schussverletzung wach geworden.

»Warum grad gez en Hexenschuss?!«

Das fragt man sich ja oft: Warum gerade jetzt?! Warum muss gerade jetzt die Schuldenkrise ihr Unwesen treiben, wo ich welche habe?! Ja, sonst könnte mir das doch völlig egal sein.

Im Moment kann ich jedenfalls einen Hexenschuss gar nicht gebrauchen. Meine Herzensdame ist verreist, ich bin also für zwei Tage alleinliegend, und aktuell muss ich mir dringend die Schuhe zubinden.

Die eine oder andere aufmerksame Leseratte hat jetzt vielleicht gemerkt, ich bin ein bisschen gesprungen. Jetzt nicht durch die Gegend, das geht ja mit Schuss nicht, sondern in der Zeit. Gerade noch lag ich alleinliegend im Bett und jetzt schon alleinstehend Schuhe an. Aber über das Dazwischen will ich lieber gar nicht sprechen. Das furchtbare Gefühl, nicht aus dem Bett zu kommen … Gut, das kenne ich. Aber aus anderen Gründen. Dann das nicht weniger schreckliche Gefühl, nicht aufs Klo zu können. Das habe ich bislang eigentlich noch nicht gekannt. Ich kann normal praktisch immer. Irgendwas sitzt immer drin. Jetzt natürlich auch. Genauer gesagt ist die Blase proppenvoll. Wenn ich mich nur hinsetzen könnte! Kann ich aber nicht! Und »im Stehen« hab ich verlernt. Das wird ja einfach nicht mehr so gerne gesehen.

Habe erst überlegt, ob ich den Notarzt anrufen soll. Habe dann aber gedacht, der würde doof gucken, wenn er kommt und ich sage:

»Könn Se mich ma inne Position bringen, wo ich pinkeln oder mir zumindest die Schuhe zubinden kann?«

Das wäre mir auch peinlich gewesen. Habe dann beschlossen einzuhalten und erst mal zu meinem Hausarzt zu gehen. Das soll man ja sowieso machen. Erst zum Hausarzt, der guckt dann und überweist einen zu einem Spezialisten, wo man schon nach einem halben Jahr einen Termin kriegt. Meistens hat et sich dann erledigt. Aber eben nicht immer. Ob ich so lange einhalten kann? Vielleicht. In der Not wächst der Mensch ja oft über sich selbst hinaus, und warum nicht auch seine Blase?

Habe es jedenfalls bis in den Bademantel geschafft. Und bis in die Schuhe. Aber zubinden? Geht gar nicht! Da erweist sich mal wieder ein Sprichwort als zutreffend: Not macht erfinderisch. Stelle die Schuhe auf den Schuhschrank. Jetzt ist das Zubinden kein Problem mehr. Allerdings sind auch keine Füße drin. Man kann nicht alles haben.

Gehe mit den Schuhen in der Hand und ansonsten barfuß zum Bus. Gehen geht. Und Stehen auch. Deswegen nehme ich den Bus. In meinem Auto kann kein Mensch stehen. Nehme mir vor, beim nächsten Autokauf darauf zu achten. Im Bus werde ich doof angeguckt. Habe ich mir vorher jedenfalls so vorgestellt. Wenn ich einen sehen würde im Bus, im Bademantel, barfuß und mit Schuhen in der Hand, den würde ich doof angucken. Macht aber keiner. Kommt wohl öfter vor. Hat sich doch viel geändert im Öffentlichen Nahverkehr in den letzten Jahren.

Donnerstag, vormittags gegen elf. Habe den Arzt erreicht. Wie ich eintrete, fällt mir ein, dass ich auch hätte anrufen können. Vielleicht wäre der ja rausgekommen zu mir. Früher haben die das gemacht. Zu spät. Stelle mich in die Warteschlange. Stellen geht. Rechne wieder damit, doof angeguckt zu werden.

»Hexenschuss?«, fragt stattdessen die Frau vor mir.

Ich nicke. Nicken geht auch.

»Hexenschuss«, sagt die Frau wieder, diesmal zu der Sprechstundenhilfe, als ich dran bin.

»Ich mach ne Überweisung fettich für nachn Ottopäde«, sagt die Hilfe.

Allerdings sagt sie das auf Hochdeutsch. Da werde ich so ein bisschen fuchsig.

»Hilfe, Sie ham ja wohl den Knall nich gehört!«, sage ich. »Hexenschuss! Will denn der Doktor nich wenigstens ma en kleinen Blick aufe Einschusswunde werfen?!«

»Sie sehn doch, wat hier für ein Hallas is, dat kann ewig dauern!«, sagt die Hilfe, nur wieder auf Hochdeutsch.

»Ewig schaffse nich einzuhalten!«, denke ich und bölke durch die ganze Praxis, dass ich zusätzlich ein Blasennotfall bin und ganz dringend muss!

Und um das deutlich zu machen, mache ich eine Bewegung, als würde ich austreten gehen. In dem Moment macht es knacks, und der Schmerz ist weg. Ich kann es kaum glauben und gehe so versuchsweise, direkt vor aller Augen, in die Klostellung. Also, da gucken dann doch einige doof.

»Keine Panik!«, sage ich,»dat is nur en Test für de Patiententoilette.«

Donnerstag, mittags. Bin auf dem Weg nachhause. Habe immer noch den Bademantel an und die Schuhe nicht, wie auf dem Hinweg. Habe es zwischendurch kurz mit angezogenen Schuhen probiert, wurde aber sofort ganz doof angeguckt. Sieht wohl irgendwie komisch aus.

DER...
DER MEISTER
HAT SICH BEWEGT!
...
MMMMHH...
PSST!
NEIN,
DAS WAR
DER KÄSE!
2013

Käse-Tai-Chi

Ich will nur kurz in den Bio-Markt reinspringen. Ich bin auf dem Weg nachhause, wo mein Töchterchen bestimmt schon sehnsüchtig darauf wartet, dass ich ihr etwas zu essen koche.

Heute habe ich mich für Nudeln entschieden. Ich weiß nur noch nicht, mit welcher Sorte ich sie überraschen soll, aber wie ich mich kenne, werde ich nicht groß experimentieren und Spaghetti kaufen. Kommt immer gut an. Und als i-Tüpfelchen denke ich an ein Käsebrett. Genauer gesagt *denke* ich nicht nur an das Brett, sondern ich beabsichtige auch, Käse zu kaufen und ihn später als Nachtisch aus dem Hut zu zaubern, zusammen mit ein paar Oliven. Käse soll ja den Magen schließen, sagt man, und ich hoffe, das schafft er für den Rest des Tages! Momentan ist auch mein Magen das Gegenteil von verschlossen. Er steht sperrangelweit auf. Ich springe dann aber doch nicht in den Markt, sondern versuche ganz normal zu gehen. Nur ein wenig schneller.

Der Bio-Markt ist toll! Er hat so eine ruhige und appetitliche Atmosphäre. Das System fährt sofort herunter und schüttet Serotonin aus. Ich verlangsame meine Schritte, atme tief ein, nehme mir einen Einkaufswagen, für dessen Benutzung ich hier keine Münze brauche, schlendere zum kleinen Regal mit den Nudelsorten, finde sofort die Spaghetti und lege die Packung in meinen Wagen. So schnell kann's gehen, trotz Geruhsamkeit!

Ich schlurfe weiter zur Käsetheke. Der Käse sieht lecker aus! Der Verkäufer hinter der Theke lächelt mich an. »Hier is en Ort, an dem man verweilen möchte«, denke ich.

»Zwei, drei Stückchen Käse und en paar Oliven«, sage ich. »Vielleicht den hier vorne.« Ich zeige auf einen Camembert, der von mir aus gesehen ganz vorne unter der Glasvitrine liegt. Ich wähle immer die, die ganz vorne liegen, damit sich der Verkäufer ordentlich strecken muss. Wir bewegen uns ja alle viel zu wenig, und das Strecken ist gut für seine Wirbelsäule.

Der Verkäufer lächelt und wirft dann einen langen, suchenden Blick über die Theke.

»Die Handschuhe«, sagt er entschuldigend.

»Direkt vor Ihnen!«, sage ich.

»Ah ja!«

Der Mann nimmt einen Kunststoff-Handschuh und streift ihn sich hochkonzentriert, mit langsamen, vorsichtigen Bewegungen über. Mir läuft das Wasser im Mund zusammen. Jetzt nicht wegen des Handschuhs, sondern wegen des Käses. Einfach lecker! Der Verkäufer greift nach dem anderen Handschuh und wiederholt den Vorgang, diesmal etwas ungelenk. Mit zwei Handschuhen hat er so seine Probleme, aber mein Gott, wer hat das nicht?! Da muss man nachsichtig sein. Dann streckt er sich nach dem Käse. Ich höre das Knacken seiner Wirbel und das Knurren meines Magens. Wieder lächelt der Mann.

»Noch en paar Zentimeterchen«, sage ich und lächle zurück.

Bald darauf hat er den Käse vor sich liegen und beginnt, ihn mit liebevollen Bewegungen auszupacken. Ich muss schlucken. Meine Speichelproduktion läuft wirklich auf Hochtouren.

»Möchten Sie ein Stück probieren?«, fragt der Mann.

»Gern!«, sage ich und wische mir einen Seiberfaden vom Kinn.

Der Verkäufer findet nach kurzer Suche das Käsemesser, setzt an und drückt das Messer Millimeter um Millimeter mit viel Gefühl entlang der Käsekante abwärts. Schließlich reicht er mir ein hauchdünnes Scheibchen. Ich schiebe es durch die Lippen und schlucke es mit viel Spucke herunter.

»Fantastisch!«, schwärme ich.

Er lächelt und setzt mit fragendem Blick das Messer mehrfach an, bis ich stopp sage. Dann wiederholt er die Schneide-Prozedur. Zwischenzeitig hatten sich zwei weitere Kunden hinter mir angestellt. Ich sehe sie jetzt beim Gemüse. Der Verkäufer hat derweil geschnitten und versucht nun, ein Stück Käsepapier von den darunterliegenden zu trennen. Das bereitet ihm Probleme, aber mein Gott, wem bereitet das keine?! Glücklich die, die nichts mit Käsepapier zu tun haben! Irgendwann zieht er sich mit langsamen, vorsichtigen Bewegungen die Handschuhe wieder aus. Ich kann eine gewisse aufkommende Unruhe nicht unterdrücken. Schließlich sind wir erst beim ersten Stückchen!

»Ruhe bewahren!«, sage ich mir.

Immerhin kommt er nun mit dem Papier zurecht, legt es auf die Waage, zieht sich wieder die Handschuhe an und legt das Käsestück auf das Papier. Dann sucht er wieder was.

»Wo is’n der Bleistift?«, ruft er schließlich in den Laden.

»Vor dir!«, ruft es mehrstimmig zurück.

Er notiert den Preis, packt den Käse ins Papier und schaut mich erwartungsvoll an.

Die beiden Kunden stehen mit ihren mittlerweile vollen Einkaufswagen an der Kasse. Hinter mir stehen drei neue.

Ich sage etwas, das vom Knurren meines Magens übertönt wird. Dann disponiere ich um.

»Das wär’s schon«, sage ich.

»Und die Oliven?«, fragt der Verkäufer mit betrübtem Gesicht, so, als hätte ich ihm eine Freude verdorben.

Ich lasse mich von seinem Gesicht breitschlagen.

»Aber nur ein ganz, ganz paar!«

Mein System schüttet einen Klumpen Stresshormone aus, als er beginnt, sich die Handschuhe auszuziehen.

»Für die Oliven gibt’s andere«, erklärt er.

Er sucht sie, findet sie, streift sie sich über, holt das Glas mit den Oliven vom Regal, öffnet es, stellt ein Plastiktöpfchen bereit, wozu er sich vorher die Handschuhe ausziehen muss, lächelt den Kunden hinter mir an, der mit seiner Wange auf meiner Schulter eingeschlafen ist, sucht und findet dann mit den wieder behandschuten Händen die Kelle und füllt sodann einige Oliven um, sorgfältig bemüht, mit dem Öl nicht zu kleckern, was ihm nicht gelingt. Das alles macht er mit Trance-artigen, quasi meditativen Bewegungen.

Irgendwann begreife ich, dass es sich hier nicht um einen Käse- und Olivenkauf, sondern eine Tai-Chi-Vorführung handelt. Meine inzwischen arg angewachsene Unruhe verflüchtigt sich ins Nirvana. Mein Körper beginnt, die Bewegungen des Verkäufers nachzuahmen. Der Kunde mit der Wange auf meiner Schulter erwacht und tut es mir nach, die anderen Kunden ebenfalls. Wir bilden einen Kreis und tanzen der Reihe nach unsere Sternzeichen. Schließlich tanzen wir aus dem Bio-Markt ins Freie, tanzen auf die Straße. Die Autofahrer verlangsamen ihr Tempo, fahren Tai-Chi-Schlangenlinien und singen »My Sweet Lord« von George Harrison.

Am nächsten Tag wird die *WAZ* titeln, »Eine Stadt entdeckt die Langsamkeit!«. Am übernächsten Tag wird die *Süddeutsche* titeln, »Das Ruhrgebiet entdeckt die Langsamkeit!«. Am überübernächsten Tag wird das *Kosmische Tageblatt* titeln, »Voll die Bremse auf Terra 26738-4065200987-429485700702!«.*

Interessant, dass sich im Kosmos die Jugendsprache auch in der Presse durchgesetzt hat. Das steht uns hier auf Erden noch bevor.

Wie dem auch sei, die Sache hat ganz schön Wellen geschlagen. Oder um es mit Nena zu sagen: »Das so was von so was kommt!« In diesem Fall kam es nicht von 99 Luftballons, sondern von einem ungelernten Käseverkäufer. Und dann kam auch noch was Positives! Halbwegs. Waaahnsinn!

Nur mit meiner Tochter habe ich richtigen Ärger gekriegt. Ich kam aber auch spät nachhause!

* Unsere kosmische Kennnummer

OH KUMMA, DEIN MANN IST SCHON ZU HAUSE !!!

Bizeps ade!

»Nee, näh?!«

Ich stehe in Unterhose vor dem Badezimmerspiegel und schaue fassungslos hinein. Im Spiegel erblicke ich mich in Unterhose, was mich nicht weiter überrascht, aber es fehlt etwas. Mein Bizeps ist weg! Vor kurzem war er noch da, da bin ich mir sicher! Ich überlege, wann »vor kurzem« gewesen sein könnte. Letzte Woche? Nein, da bin ich nicht so vor dem Spiegel gestanden. Ich stehe überhaupt selten so, wie jemand, der seinen Bizeps zeigt, die Oberarme waagerecht, die Unterarme nach oben angewinkelt, die Muskeln angespannt, die Brust gebläht, einen feisten Ausdruck im Gesicht. Wie ein hirnloser Muskelmann eben oder ein Neandertaler. Zumindest stellt man sich so ja oft einen Neandertaler vor, nur behaarter und mit Keule. Aber gut, im Grunde hat man ja nie einen kennengelernt. Vielleicht waren das ganz feinsinnige, intellektuelle Typen.

Jedenfalls stehe ich nicht so. Gut, vielleicht damals, als ich meine Frau kennengelernt habe. Oder vielleicht mal im Freibad, aber sonst? Wann war denn mein letzter Freibadbesuch? Das muss irgendwann im vorigen Jahrtausend gewesen sein. Da war der Bizeps jedenfalls noch da! Ich erinnere mich gut, wie beeindruckt alle waren, besonders meine damals noch kleine Tochter.

»Du bist stark, Papa!«, sagte sie stolz.

»Ja!«, bestätigte ich.

Und wie zum Beweis packten mich zwei Halbwüchsige und warfen mich ins Planschbecken. Ich rieb mir ein bisschen Pipi aus den Augen und sagte, »siehste! Da müssen schon mindestens zwei kommen, um mit mir fertig zu werden!«

Jedenfalls ist da, wo der Bizeps war, jetzt nur noch eine schwabbelige Delle. Die Frau Doktor hatte Recht! Ich hatte sie aufgesucht, weil es schon seit längerer Zeit bei bestimmten Bewegungen in meinem rechten Schulterbereich knackte. Das meiste, was kommt, geht ja auch wieder, aber das Knacken blieb, und es klang nicht gut.

»Beknackt!«, dachte ich, »kaum bisse ausser Pubertät raus, da fangen die ersten Verschleißerscheinungen an!«

Gut, ich war ziemlich lange in der Pubertät. Verhaltensreste davon zeigen sich immer noch ab und zu, aber das mit den Pickeln ist so gut wie vorbei.

»Da musse wohl ma zum Arzt gehen«, dachte ich weiter.

Beim Denken ist es dann aber jahrelang geblieben. Irgendwann wurde das Knacken jedoch störend. Wenn ich zum Beispiel im Kino Popcorn aß, setzten sich Leute von mir weg. Das Schulter-Knack-Geräusch beim Griff in die Tüte war viel lauter als das anschließende Pop-Geräusch des Corns im Mund. Und wenn man so einen Eimer Popcorn vor sich hat, sind das viele KNACK-Pops! Nicht weiter schlimm mit dem Wegsetzen, könnte man denken, aber wenn es die eigene Frau ist, die das Weite sucht, ist das nicht so schön.

Und als das Knacken dann schließlich mein nächtliches Schnarchen zu übertönen begann – ich bewege wohl meine Arme ausgiebig im Schlaf –, habe ich mir sofort einen Termin beim Orthopäden geben lassen. Die Schnarchgeräusche sollte meine Frau denn doch nicht missen.

»Und?«, sagte ich, als die Frau Doktor auf das Röntgenbild blickte. »Alles kaputt?«

»Nichts Ernstes«, sagte sie, »der Muskel ist nur zurückgegangen. Altersbedingt. Und da reibt jetzt was aneinander in der Schulter.«

Ich war wie vor den Kopf geschlagen. Mit nachpubertärem Verschleiß hätte ich leben können, aber mit altersbedingtem Muskelschwund? Unmöglich! Ich habe es dann auch nicht geglaubt. Bis gerade eben.

»Nee, näh?!«

Beim in den Spiegel Schauen ist mein Blick an meiner Nase hängen geblieben. Aus den Nasenlöchern lugen weiße Nasenhaare hervor. Weiße! Von einem Moment zum anderen bin ich weißhaarig geworden. Wahrscheinlich durch den Schreck über die Delle. Oder sind sie schon länger weiß? Ich schaue mir so selten in die Nase.

Wie ich den Blick von der Nase abwende, fällt er aufs Ohr. Auch da weiße Haare! Am Ohr! Ich schließe die Augen, um nicht noch mehr Elend sehen zu müssen, und wanke zum Klo. Das Klo finde ich blind. Ich setze mich, um mich einen Moment zu erholen.

Zwei Stunden später höre ich draußen das Diesel-Geräusch meiner Frau. Genauer gesagt macht ihr Auto das Geräusch. Ich erhebe mich, wanke ins Erdgeschoss und baue mich in der Muskelmann-Haltung vor der Haustüre auf, nur eben ohne Muskeln. Ich muss mein

Leid mit jemandem teilen. Sie schließt die Tür auf und lässt ihre Freundin zuerst eintreten.

»Nee, näh?!«, sagt die Freundin.

»Ich glaub, ich hab ne Erscheinung!«, sagt meine Frau.

»Dat hab ich auch gedacht«, sage ich, »aber et is traurige Wirklichkeit!«

Beide glotzen mir auf die Unterhose. Typisch Frau!

»Hier oben, Mädels!«, sage ich. »Der Bizeps is weg! Altersbedingt! Und gez kommt der Hammer! Kuckt mir ma inne Nase!«

Eine Stunde später ist meine Frau wieder da, ohne ihre Freundin, und regt sich fürchterlich auf. Wie das denn ausgesehen hätte!

»Sag ich doch!«, sag ich, »furchtbar sieht das aus! Ich werd alt, und zwar überall!«

Später, beim Abendessen, halte ich ein kleines Referat über altersbedingte Muskelabnahme und altersbedingte Haarwuchszunahme in den Problemzonen Nase, Ohr, Augenbraue, Rücken, Gesäß. Ich habe mich nämlich in der Zwischenzeit im Internet schlaugemacht über mein Leiden. Meine Frau mümmelt dazu lustlos an einer vegetarischen Teigtasche. Als meine Tochter nachhause kommt, wiederhole ich das Referat noch einmal, aber sie ist nicht sonderlich interessiert.

»Gut, dat man Freunde hat!«, bemerke ich ziemlich beleidigt, »die ham da mehr Verständnis! Die ham auch oft sogar noch mehr Probleme!«

Dann erzähle ich ausgiebig von den Alterserscheinungen bei den Männern aus meinem Freundes- und Bekanntenkreis. Ich habe in der Zwischenzeit auch reichlich Telefonate geführt, bei denen die Themenpalette »Alter, Krankheit, Tod« eine wesentliche Rolle gespielt hat.

»Und stell dir vor, der Dingens muss nachts schon mehrfach raus wegen der Blase!«, berichte ich, »und dann kommt aber nix, und der Sowieso vergisst alles …«

»Der Dingens und der Sowieso«, wiederholt meine Frau mit süffisantem Gesichtsausdruck.

»Nee, nee!«, sage ich, »nich, wat du denks! In diesem Fall hab ich nur die Namen geändert.«

Ich erzähle weiter, während sie sich in die Zeitung vertieft. Frauen können ja Multitasking. Sie hört mir bestimmt trotz der Lektüre zu.

Irgendwann klingelt das Telefon.

»So spät?«, denke ich und gehe dran.

»Stell dir vor, wen et erwischt hat!«, sagt meine Mutter, »der Ernst Wizorreck is …«

»Nein!«, fahre ich dazwischen. »Gez bitte keine Siechengeschichte! Dat könnt ich nich verpacken!«

ROUTINE!

Abgefahren eingefahren

Ich hab eine ganze Menge Routinen im Alltag. Das ist ja das beste Mittel gegen Chaos. Man verständigt sich mit sich selbst auf bestimmte Reihenfolgen von Tätigkeiten und hält die dann eisenhart durch, auch, wenn es keinen Sinn macht. Man kann eben nicht alles haben, und so hat man kein Chaos und dafür manchmal eben auch keinen Sinn.

Oft ergeben sich solche Routinen ja ganz von selbst. Man schwingt sich morgens aus dem Bett, und wenn man auf der linken Doppelbettseite nächtigt, so wie ich, und wenn man somit sinnvollerweise Linksschwinger ist, kommt das linke Bein zuerst und dann erst das rechte. Andersherum wäre Chaos. Es sei denn, man liegt auf dem Bauch. Aber dann kann von Schwingen eigentlich nicht mehr die Rede sein. Dann schiebt man sich eher aus dem Bett.

Von Schwingen kann bei mir sowieso nicht die Rede sein, eher von Quälen, aber ich quäle mich zuerst mit links und dann mit rechts. Routine!

Obwohl andererseits das Quälen selbst nicht zur Routine geworden ist in all den Jahren, wo mich der ungesund frühe Schulbeginn meiner Tochter aus dem Bett gezwungen hat. Das hat meine Künstlerexistenz bis ins Mark getroffen. Das quält mich wie am ersten Tag! Und meine Tochter aber auch! Und nicht nur die. Es ist ja mittlerweile wissenschaftlich erwiesen, dass sich Jugendliche um eine so frühe Uhrzeit noch gar nicht konzentrieren können, schon gar nicht im Ruhrgebiet.

Vermutlich liegt das an der hohen Feinstaubbelastung hier. Der viele Staub lastet wohl so erdrückend auf den noch nicht voll belastbaren Jugendlichen, dass weder frühes Aufstehen noch Konzentration möglich zu sein scheinen. Um eine späte Uhrzeit können die sich im Übrigen auch nicht konzentrieren. Vielleicht haben die auch einfach was anderes im Kopf. Aber das ist ein anderes Thema.

Andere Routinen ergeben sich ebenfalls von selbst, sind aber nicht so naheliegend wie die mit dem Bein. Zum Beispiel esse ich zum Frühstück immer zuerst ein Käsebrot, dann ein Wurstbrot und dann noch zwei Hälften mit etwas Süßem darauf, und zwar zuerst Honig, dann Marmelade. Das hat sich so ergeben, irgendwann so eingespielt, und irgendwann konnte ich nicht mehr anders. Vermutlich ist das für den Organismus auch gesünder so und lediglich von der Forschung noch nicht bestätigt worden.

Liebe Frühstücksforscher, hier haben wir ein Feld, das es noch zu beackern gilt!

Jedenfalls, zuerst was Süßes und dann Käse, das macht mich schon vom Gedanken her nervös. Ist das deswegen schon zwanghaft und damit krank?! Bin ich ein Psycho, nur weil ich kein Chaos beim Frühstück will?! Die Frage habe ich mir irgendwann gestellt und dann aber eindeutig negativ beantwortet:

»Ich bin doch nich zwanghaft! Für keine fünf Pfennig!«

Gut, zur Zeit der Fragestellung hatten wir schon ein paar Jahre den Euro, da hätte es natürlich korrekterweise »Cent« heißen müssen. Obwohl, »für keine fünf Cent« wäre wiederum auch nicht korrekt gewesen. Das war ja kein Eins-zu-eins-Umtausch wie bei der Wiedervereinigung. Gefühlt natürlich schon! Aber das ist schon wieder ein anderes Thema.

Wie dem auch sei, um meine Nicht-Zwanghaftigkeit zu beweisen, habe ich mir selbst in der Folgezeit kleine Aufgaben gestellt: Mal zuerst den Brotkorb auf den Tisch stellen und dann erst Kaffee machen statt umgekehrt, oder zuerst den Honig aufs Brot und dann die Butter, aber das war irgendwie nix.

Na ja, und weil meine Frau auch immer mal wieder so Bemerkungen machte, wie, ich wäre für mein Alter schon komplett eingefahren, habe ich mir dann gedacht, »gez überraschte sie ma mit dem Gegenteil!« Und dann habe ich heimlich bei einem Ruhrpott-Brötchenversand für einmal in der Woche einen Satz Brötchen bestellt. Sonst wird bei mir traditionell nur Brot gegessen.

Ja, jetzt hingen die Brötchen auch am Morgen des vereinbarten Tages vor der Haustüre, in so einem Sack, den ich am Abend da hingehängt hatte. Ich die heimlich reingeholt, auf einen freien Stuhl gelegt und mich dann an das Frühstückmachen gemacht. Das mache traditionell immer ich. Dann haben wir alle lecker gefrühstückt, und nach dem Frühstück habe ich alles wieder abgeräumt, zuerst das benutzte Geschirr, dann die Fressalien.

Ja, Frau und Tochter waren dann irgendwann gegangen, und zum Zeitung lesen – das mache ich routinemäßig immer nach dem Frühstückabräumen – habe ich mich dann auf den sonst freien Stuhl gesetzt, meinen Zeitungslesestuhl. Und da sind mir wieder die Brötchen eingefallen.

Ich denke, »schade, gez hassese bestellt und gar nich gegessen und die holde Weiblichkeit auch nich.«

Ich mach die Tüte auf, da sind die Brötchen platt.

»Na gut, kann passieren«, denke ich, »besonders wenn sich einer draufsetzt.«

Und ich habe mich dann bei dem Versand auch nicht beschwert.

Aber schon am nächsten Tag habe ich dann tatsächlich an die Brötchen gedacht und die aufgetischt und war ganz stolz auf mich und meine Regelwidrigkeit beim Frühstück. Aber anstatt sich mit mir zu freuen, sagt meine Frau nur, »wie sehn die denn aus?!«

Ich sag, »sei nich so pingelig, da hab ich mich gestern Morgen aus Versehen draufgesetzt.«

»Wie, von gestern sind die schon?!«

»Gutes vom Vortach!«, schwärme ich. »Da kann man schonma en Tach drauf warten, dat lohnt sich!«

Da hat sie die Brötchen abgelehnt. Alte Semmeln, auf denen ich schon gesessen hätte, würde sie nicht wollen. Also, das nenne *ich* eingefahren!

Und da war natürlich Knies in der Hütte! Da habe ich die Brötchen aus Protest auch links liegengelassen und bin dann aber, vermutlich durch die nervliche Erregung, mit meiner Reihenfolge durcheinandergekommen und habe zuerst die Wurst verdrückt. Und von da ab ging an dem Tag wirklich alles schief, was schiefgehen kann! Das totale Chaos! Ich bin dann nicht wie üblich als Letzter ins Badezimmer gegangen, sondern vor meiner Tochter, was Gedränge und Tiraden produziert hat, habe sodann Milch, Butter, Wurst und Käse nicht in den Kühlschrank geräumt, sondern in den Bücherschrank, wo wir den ganzen Kram erst nach zwei Wochen wiedergefunden haben, völlig abgelaufen. Und als ich dann noch die Pflanzen gefüttert und die Meerschweinchen gegossen habe, hab ich dem Brötchenversand direkt wieder gekündigt.

Ja nun, da sieht man ja, was passiert, wenn man seine Routinen über den Haufen wirft.

Dann lieber zwanghaft!

SO HABEN WIR IHN GEFUNDEN ...!
WIR MÜSSEN IHN SOFORT ENTSCHÄRFEN!
POLIZEI
POLIZEI
KAMPF
KAMPF
KAMPFMITTELRÄUMDIENST
FAHR DOCH, DU ARSCHGEIGE! FAHR ENDLICH!! FAAHRR!!!

Pennende Arschgeigen

Man sagt ja manchmal, »na, du machst ja Sachen!«, aber ich finde, oft ist es eher umgekehrt, nämlich, dass die Sachen was mit dir machen. Mich machen sie zum Beispiel gerne nervös. Gut, ob sie das wirklich gerne tun, weiß ich nicht. Das hieße ja, dass Sachen eine Art Persönlichkeit besäßen, was ja nicht der Fall ist.

Obwohl, bei meinem Computer bin ich mir nicht sicher. Er hat manchmal so eine Art, mich auf die Palme zu bringen, die auf einen bösartigen Charakter schließen lässt.

Bei meinem CD-Player ist es ähnlich. An manchen Tagen ist er launisch und weigert sich partout, die kleinen silbernen Scheiben, für deren Wiedergabe er ja konstruiert wurde, abzuspielen. Wenn er einfach kaputt wäre, wäre der Fall klar: Da die Reparatur von solchen Gerätschaften teurer käme als die Neuanschaffung, käme der Player auf den Müll. Aber das weiß der raffinierte Sauhund wohl und zeigt sich an anderen Tagen wieder von seiner besten Seite. Er hat sogar lang anhaltende Phasen, in denen er vergessen macht, wie zickig er sein kann, aber dann, wenn man nicht damit rechnet, spielt er einfach nicht mit, beziehungsweise nichts ab. Das macht mich nicht nur nervös, sondern regelrecht wütend!

Dann wiederum gibt es Sachen, die ich habe und die ich aber gar nicht benutze, und das macht mich erst recht nervös! Weil ich dauernd denke, jetzt steht die Sache da, du hast sie gekauft, sie hat sich darauf gefreut, in gute Hände zu kommen, und jetzt machst du nichts mit ihr! Zum Beispiel habe ich einen großen Holzleoparden mit traurigen Augen, mit dem ich absolut nichts mache. Ich wüsste auch nicht, was. Gut, er durfte mehrfach mit umziehen, aber sonst?

Ich habe auch viele Andenken, die ich aus Urlauben mitgebracht habe. Welche Urlaube das waren, habe ich komplett vergessen. Wenn mein Blick auf die Andenken fällt, denke ich also nicht mehr an die entsprechenden Urlaube, sondern nur daran, dass ich den Becher, den Teller oder was auch immer noch nie benutzt habe und es vermutlich auch nie tun werde. Nur wegwerfen kann ich das Ding nicht, weil es ja ein Andenken ist.

Noch schlimmer ist es mit Steinen oder Muscheln, die man von jeder Urlaubsreise an irgendeinem Meer mit nachhause schleppt! Bei einem Becher mag man ja noch den Vorsatz haben, ihn irgendwann zu benutzen und mal ausgiebig zu bechern, aber bei Muscheln?! Was zum Teufel will man damit zuhause anfangen, Strand spielen?!

Welches Ding mich aber am meisten nervös macht, ist mein Auto. Jetzt gar nicht mal, wenn es nur so rumsteht, vor sich hin rostet und Geld kostet, sondern wenn ich es benutze. Genaugenommen ist es natürlich nicht mein Auto, das mich nervös macht, sondern die anderen, die auch noch da sind. Ich benutze mein Auto nämlich, um zu fahren! Das muss hier speziell betont werden, da die meisten Fahrer und Fahrerinnen es nur benutzen, um darin zu träumen, zu telefonieren, Radio zu hören oder damit im Schneckentempo einen

Parkplatz zu suchen. Zumindest ist es bei denen so, die vor mir fahren.

Gravierend bemerkbar macht sich dieses Verhalten vor Ampeln, besonders vor Linksabbiegerampeln mit einer kurzen Grünphase, weil sich nämlich die gedankliche Abwesenheit der Fahrer vor mir, bedingt durch die fahrfremde Beschäftigung, fatal auf die Reaktionsfähigkeit in Bezug auf das Anfahren äußert. Das hört sich jetzt etwas kompliziert an. Man könnte es auch einfacher ausdrücken und sagen, die Arschgeigen pennen, mit dem Effekt, dass maximal zwei Autos über die Ampel kommen. Meins ist immer das dritte!

Das mit den »Arschgeigen« ist ein etwas rüdes Zitat, und zwar von mir. So was entfährt mir dauernd beim Fahren. Besonders, wenn der Fahrer vor mir bei Grün pennt und pennt und dann bei Knallrot noch gemütlich über die Kreuzung zockelt. Da könnte ich explodieren! Und das tue ich auch.

Ich bin also alles in allem ein recht nervöser Typ. Vielleicht habe ich einfach zu viele Sachen, und vielleicht sollte ich nicht Auto fahren. Beim Spazierengehen ist mir das noch nie passiert, dass ich hinter einem langsamen Fußgänger explodiert bin.

Jedenfalls habe ich mir jetzt vorgenommen, ruhiger zu werden, alles etwas langsamer und gelassener angehen zu lassen. Um dieses Vorhaben zu unterstützen, habe ich mir eine Art Übungsprogramm auferlegt und auch schon schöne Erfolge aufzuweisen! So habe ich bereits zwei Muscheln weggeworfen, deren Herkunft ich nicht mehr zuordnen konnte. Das hat mich sofort ein Stück weit befreit. Die vielen anderen Muscheln kann ich auch nicht zuordnen, aber gemach! Ich will ja nichts übereilen.

Eine andere Aufgabe bestand darin, mich an einem schlechten Tag an den Computer zu setzen, also, wenn der Computer einen schlechten hat, und ihm dann ein paar Nettigkeiten zu sagen:

»Aber natürlich kannse die Bits von der 12 Megabyte-Datei auch einzeln hochladen, Alter! Is doch kein Thema! Und lass dir Zeit, ich kuck morgen noch ma rein.« So was in der Art.

Das hat ganz gut funktioniert, sogar ihn mit »Alter« anzusprechen. Normalerweise kommt mir der Ausdruck nicht über die Lippen, aber in diesem Fall stimmt er einfach. Na, und obendrein hatte ich einen ganzen Tag frei!

Was ich noch häufiger üben muss, ist das Autofahren hinter Zeitlupenfanatikern. Da habe ich noch Defizite in Sachen »Ruhe bewahren«. Das hat sich erst gestern wieder gezeigt. Da habe ich mich hinter einen Fahrer gehängt, der mir sofort durch seine gemütliche Fahrweise aufgefallen war. Der Fahrer telefonierte nicht und schien auch nichts zu suchen, er fuhr einfach nur mit gemäßigtem Tempo durch die Gegend. Sehr vernünftig! Ich versuchte, es ihm gleichzutun, und fuhr in angemessenem Abstand hinter ihm her, fuhr also nicht so dicht auf, wie ich es früher bei Schnecken im Verkehr zu tun pflegte. Nur ein bisschen dicht. Aber er ließ sich nicht aus der Ruhe bringen. An einer Vorfahrtsstraße hielt er ordnungsgemäß an, schaute nach links, nach rechts, wieder nach links, dann nach oben, noch einmal nach links und bog dann mit Schrittgeschwindigkeit rechts in die Straße ein. Bewundernswert!

Ich scheiterte bereits an dem zweiten Blick nach links und fuhr mit quietschenden Reifen los. Dabei hätte ich mich gerne an dem Blick nach oben versucht, der mir eine besondere Herausforderung zu sein schien.

Der Fahrer bog ab in eine kleine Einbahnstraße und wurde noch langsamer.

»Er sucht nen Parkplatz«, dachte ich.

Aber dann winkte er nur einem Passanten. Der winkte zurück.

»Nett!«, dachte ich. »Eine kleine menschliche Geste in all dem großstädtischen Stress, ermöglicht durch Langsamkeit!«

Und ich winkte auch recht ausgelassen. Der Passant sah mir beim Weitergehen hinterher und stürzte dann in einen Blumenkübel. Gerne hätte ich ihm aufgeholfen, aber ich musste ja noch üben. Das Tempo meines Vormannes verlangte mir durchaus einiges an Selbstbeherrschung ab.

Kurz darauf hielt der Fahrer, ließ das Beifahrerfenster herunter und sprach einen weiteren Passanten an.

»Er will also doch nach dem Weg fragen«, dachte ich.

Aber dann hörte ich die Worte »Willi« und »et muss« und wusste, es handelt sich nur um ein Privatgespräch in einer engen einspurigen Einbahnstraße. Schwächere Naturen als ich hätten jetzt die Nerven verloren. Ich aber nahm all meine Kraft zusammen, ließ ebenfalls das Fenster herunter, und als mein Vorfahrer weitergefahren war, hielt ich bei Willi und sagte jovial, wenn auch etwas gepresst:

»Wie isset, Willi?«

»Et muss«, sagte Willi wieder.

In der kurzen Zeit konnte sich ja auch kaum etwas geändert haben.

»Und die Blagen?«

»Auch«, sagte Willi.

Ich dachte, »kuck an, wenne dir Zeit nimms für dein Nächsten, kommen tiefsinnige Gespräche zustande!«

»Hau rein!«, rief ich ihm zu.

»Du auch!«, rief Willi, und man konnte sehen, wie sein Hirn hinter seiner Stirn arbeitete, um herauszubekommen, wen es vor sich hatte.

Ich fuhr los und hatte meinen Übungsleiter binnen kürzester Zeit wieder eingeholt. Als er in eine zweispurige Hauptverkehrsstraße einbog, schwante mir schon Böses. Und richtig, keine 50 Meter weiter wechselte er die Spur und rollte auf eine Linksabbieger-Ampel zu. Ich wurde nervös. Als der Mann plötzlich sein Mobiltelefon am Ohr hatte, begann ich zu hyperventilieren. Die Ampel sprang auf Gelb, auf Grün, wieder auf Gelb. Ich sah, wie der Mann in Zeitlupe den Gang einlegte und loszockelte. Und da habe ich bei Rot die Nerven verloren und Vollgas gegeben. Noch auf der Kreuzung bin ich laut hupend rechts an ihm vorbei und hatte noch die Geistesgegenwart, ihm einen Vogel zu zeigen. Aber als er hinsah, war der Vogel schon weg.

Na ja, ich hab mich dann wieder eingekriegt, bin runter vom Gas und noch etliche hundert Meter im

Schritttempo vor ihm hergefahren, bevor ich dann in Richtung A 40 durchgestartet bin, um auf der Bahn mal so richtig Gas zu geben. Dort angekommen, bin ich aber sofort in zähfließenden Verkehr mit Stillstand geraten, und wie ich so stillstand und stillstand, wurde ich das wehrlose Opfer einer philosophischen Erleuchtung, und mir wurde klar, dass wir alle Sklaven unserer Sachen sind und dass die Dinge das einfordern, was in ihnen steckt: Autobahn oder Datenautobahn oder Strand oder … Na ja, bei »Strand« bin ich mir nicht sicher.

Aber ich gebe nicht auf! Vielleicht fahre ich morgen noch mal die gleiche Runde, schön langsam! Und vielleicht treffe ich ja den Willi wieder. Eigentlich toll, wenn man unterwegs Zeit hat für ein Pläuschchen!

GEHT DOCH!
MAX 60° GRAD
KOCH
WÄSCHE
40°
BUNT
30°
60
3060 95
WOLL
PROGRAMM
NICHT
SCHLEUDERN
2013

Die 90-Grad-Abreibung

Heute werde ich mal wieder waschen.

Ja, ich gehöre zu den Männern, die das tun! Viele waschen ja nach wie vor nicht. Also, ihr Auto vielleicht oder sich ab und an, aber Wäsche? Fehlanzeige! Es hält sich unter Männern nach wie vorher hartnäckig die Meinung, dass Mutter Natur den Frauen das Waschgen quasi exklusiv in die Erbanlagen gepflanzt habe.

Ich finde aber, so ein sensibles Terrain sollte man nicht einfach dem anderen Geschlecht überlassen. Frauen haben zum Beispiel oft keinen Sinn für den ideellen Wert von quasi antiquarischen Kleidungsstücken. Sachen, die Männern im Laufe der Jahre und Jahrzehnte ans Herz gewachsen sind oder auch an andere Körperteile, die halten die möglicherweise für einen Putzlappen und waschen den dann auf 90 Grad. Dann ist das Malheur natürlich da, gerade auch, weil die Sachen mit zunehmendem Alter von der Größe her ja eher größer statt kleiner werden müssten. Die Schlaghose aus der Studentenzeit in den Siebzigern, die saß vielleicht eh schon ein bisschen spack im Schwimmreifenbereich, aber nach ner 90-Grad-Abreibung, da kannste dir den Bonsai-Fummel als Erinnerung vielleicht noch rahmen lassen und an die Wand hängen, aber tragen kannste das Teil nicht mehr.

Deshalb wasche ich lieber selber. Weil ich eben auch viele so ans Herz gewachsene Klamotten hab, die ich nicht wegwerfen kann.

Das ist wie mit meinen Pflanzen.

»Und wenn du gehst, dann geht auch ein Teil von mir«, könnte man den Schlager umdichten.

Genauso sehe ich das!

Jetzt verstehe ich aber jeden, der nicht wäscht, sondern waschen lässt, weil, das ist schon aufwendig, zumindest, wenn man alles richtig machen will. Ich bin jetzt nämlich nicht so ein beschränkter 40-Grad-Typ, der nur eine Temperatur kennt und nur eine Farbe, und die heißt Dunkelbunt. Ich differenziere schon nach Koch-, Woll- und Feinwäsche, und was es da noch so gibt. Allerdings fehlt mir, im Gegensatz zu manch einer Frau, die Intuition dafür, was was ist. Also, zum Beispiel, was ist fein und braucht 30 Grad, und was ist eher unfein?

Da hilft dann für mich nur eins: Waschzettel lesen. Aber leichter gesagt als getan. Wer das noch nie versucht hat, weiß jetzt nicht, wo da ein Problem liegen könnte, alle anderen schon. Zum Beispiel sind Waschzettel unheimlich oft total verwaschen, so dass man nix mehr erkennen kann, oder die sind von vornherein nicht zu lesen, weil ein Schlaumeier die in Pechschwarz gestaltet hat. Mit dunkelblauer Schrift! Oft sind die auch versteckt im Hosenbein oder unheimlich klein, so dass man ohne Mikroskop da eigentlich keine Chance hat. Oder ganz gemein: Die Frau hat die rausgeschnitten! Weil die angeblich jucken. Und weil *sie* die richtige Waschtemperatur ja in ihrem Urin hat. Das spricht dann irgendwie doch für ein Frauen-Wasch-Gen.

Na ja, bis man das jedenfalls alles ausklamüsert hat, was auf den Zetteln mal gestanden hat, das zieht sich.

Und man hockt dann da ewig vor dem Wäscheberg und kriegt Rücken. Deswegen mache ich das immer so wie jetzt. Ich mache es mir im Keller bequem: Campinggarnitur, schön Musik an, ein paar Bierchen dabei, Bratwurst, Mikroskop, und dann geht es los!

Ich nehme mir zuerst die dunkle 40-Grad-Wäsche vor. Die ist am einfachsten zu sortieren. Dunkle Socken und Unterhosen erkenne ich blind. Oder fast blind. Ich fülle die Trommel, quetsche noch eine Jeans dazu und ein paar robust wirkende Pullis, stelle alles ein und starte den Waschvorgang. Die Waschzeit überbrücke ich mit meinem Sortiment an Annehmlichkeiten.

»Prost! Auf die Wunder der Technik!«, sage ich und schaue der Waschtrommel beim Drehen zu.

Danach sind die Handtücher und das Bettzeug an der Reihe. Meine Stimmung steigt. Auch weil heute ein sonniger Tag ist, ich die Wäsche zum Trocknen nach draußen in den frischen Ruhrgebietswind hängen und so aller Welt meine Waschkompetenz beweisen kann, besonders den weiblichen Nachbarinnen.

Dann ist die 90-Grad-Abteilung dran. Ich bin ganz glücklich, eine ganze Trommel mit Kochwäsche füllen zu können. Gerade verschwitzte Sachen werden ja doch sauberer.

Beim Aufhängen des Maschineninhalts stutze ich. Zum einen schwankt der Gartenboden etwas seltsam, zum anderen bin ich überrascht, was für knappe Fummel sich meine Frau in letzter Zeit zugelegt hat.

»Die will et nochma wissen!«, sage ich. »Hoffentlich von mir!«

Da stimmen unsere Nachbarn zu. Irgendwie sind die Sachen auf deren Wäscheleine gelandet. Zum Glück sind die da nicht so. Das ist gute Nachbarschaft. Die lassen die Wäsche einfach hängen und begleiten mich zurück auf unser Grundstück, leicht torkelnd allerdings.

»Na nu?«, denke ich, »ham die getrunken?!«

Dann reißt mir der Faden, was beim Umgang mit Kleidungsstücken ja vorkommen kann.

»Hier bis du!«, höre ich die Stimme von meiner Frau, die an mir rüttelt.

Ich schlage die Augen auf.

»Wie hat sie mich gefunden?!«, frage ich mich verblüfft.

Ich liege unter dichtem Buschwerk, und zudem ist es schon ziemlich dunkel. Ich tippe auf Schnarchgeräusche. Dann folgt ein Donnerwetter. Wie ich Heiopei denn ihre empfindlichen 30-Grad-Sachen kaputtkochen konnte?! Aber sie wüsste schon, wie!

»Mein Gott!«, sage ich, »die scheiß Waschzettel, da kann man ne 30 auch ma für ne 90 halten! Oder vielleicht is ja auch dat Mikroskop kaputt gewesen!«

»Ja, oder dat Bier war zu nass!«, versetzt sie grimmig.

»Is bestimmt gar nich so schlimm«, versuche ich zu befrieden. »Probier doch ma an!«

Aber das hätte ich lieber nicht sagen sollen.

Später, nachdem sich die Wogen des Ehetsunamis geglättet haben, mache ich eine Eingabe bei der Bekleidungsindustrie und fordere, dass die die Wasch-Angaben in Zukunft größer machen und auch nicht so versteckt. Ich meine, da steht doch oft alles Mögliche auf den Klamotten, mit einem Informationswert von null: New York oder Adidas oder Zicke. Gut, bei Letzterem weiß man, woran man ist, aber darüber, wie man die waschen soll, sagt das noch gar nix aus. Warum nicht vorne drauf eine große 30? Oder in schöner Schrift »Handwäsche«? Das würde doch alles viel einfacher machen!

Meine Güte, was könnte ich mit der gesparten Zeit alles anstellen! Zum Beispiel einfach mal gemütlich irgendwo sitzen, schön mit Musik, Bratwurst und einem Bierchen dabei. Oder zwei. Aber da kann ich wohl lange drauf warten!

NICHT ZU ENDE GEBRACHT!
FUßLEISTEN BAUSTELLE

Wie verhext!

»Autsch!«

Ich bin vor die Waschmaschine gelaufen. Dabei steht sie da, wo sie immer gestanden hat. Ich bin allerdings vorher über ein paar Fußleisten gestolpert. Obwohl die sich auch schon seit Ewigkeiten an dieser Stelle im Keller befinden, genauer gesagt seit unserem Einzug. Durch den Stolperer ist zumindest die Kollision mit der Waschmaschine zu erklären, aber wie kann man denn über Fußleisten stolpern?! Die Dinger sitzen doch spack an der Wand. Eben nicht. Das ist das Problem!

Diese Fußleisten liegen im Keller, irgendwie auch im Weg und bilden Teile einer Dauerbaustelle. Die anderen Teile befinden sich an einigen Wandabschnitten, die immer noch darauf warten, dass die Fußleisten dort angebracht werden. Es sind nicht viele Abschnitte, ganz wenige eigentlich, und sie liegen auch nicht an exponierter Stelle, etwa im Wohnzimmer neben dem Fernseher, wo man immer hinschaut, wenn man das Elend auf dem Bildschirm nicht sehen mag. Sie liegen im Keller und im Abstellraum, aber sie haben es in sich!

Damals, beim Einzug, habe ich nicht viel selbst gemacht in dem Häuschen. Ich bin ja kein leidenschaftlicher Handwerker, nicht mal ein leidenschaftsloser, ich bin überhaupt keiner. Aber an die Fußleisten habe ich mich dann doch herangetraut. Irgendwann war dann der Einzugstermin da, und es war alles fertig, bis auf einige wenige Wandabschnitte, an denen die Fußleisten fehlten.

»Dat machse demnächs ma«, dachte ich. »Is ja vielleicht auch ganz schön, wenne nochma Grund has, an die herrliche Zeit zurückzudenken, wo de die Dinger anne Wand geklebt has!«

In der Folgezeit war es wie verhext! Immer gab es gewichtige Gründe, warum ich mich nicht mit den Fußleisten beschäftigen konnte. Mal hatte ich keine Zeit, weil ich die Post noch aus dem Briefkasten holen musste, dann hatte ich Zeit, hatte es aber auch im Rücken, und zwar ein Gefühl, als würde ihm die Beschäftigung in Bodennähe aktuell nicht guttun. Ein anderes Mal war ich nicht in Fußleisten-Stimmung, und das macht dann gar keinen Sinn! Dann war ich in der Stimmung, war schon im Begriff, in den Keller zu gehen, auf einmal hatten wir sturmfreie Bude. Wirklich wie verhext!

Und wie gern hätte ich die Arbeit zu Ende gebracht! Schon aus psychischen Gründen. Nach ein paar Jahren hatte ich da nämlich einen kleinen Knacks bekommen. Ich konnte guter Dinge sein, bei bester Gesundheit, wie immer frisch verliebt in meine Frau, und gerade in solchen Momenten des perfekten Glücks brach das Unheil über mich hinein!

»Scheiße, die Fußleisten musse noch machen!«

Schon versank ich in tiefe Depression, war untröstlich. Ein Zustand, in dem man zu nichts mehr fähig ist, schon gar nicht zum Anbringen von Fußleisten. Irgendwann begann ich es zu vermeiden, guter Dinge zu sein. Das Fluchen über die unangebrachten Leisten überkam mich trotzdem, aber der Absturz war nicht mehr so tief.

Ich war verzweifelt, ging in Therapie. Der Psychiater sagte, bei ihm wäre ich an der richtigen Adresse, er kenne das Problem aus eigener Erfahrung. In seinem Haus hätte er beim Einzug zwei Lampen nicht angebracht. Seit 22 Jahren kämen blanke Kabel aus der Wand. Das sei eine beständige Stressquelle. Besonders das Kabel im Kinderzimmer hätte ihm lange Zeit Sorgen bereitet, eigentlich bis zum Auszug der Kinder. Dann legte er sich zu mir auf die Couch, und wir gründeten eine Selbsthilfegruppe. Wir treffen uns noch heute einmal wöchentlich, zusammen mit knapp Tausend anderen Betroffenen aus dem Viertel, und sprechen über unsere Ängste.

»Morgen will ich diese beschissene Umzugskiste endlich auspacken, von der keiner mehr weiß, wat da eigentlich drin is, aber ich hab Angst, dat wat dazwischenkommt!«, sagte Icks Ypsilon erst gestern (der Name wurde von mir geändert), und er fügte panisch hinzu, »womöglich regnet et, und dann klappt dat wieder nich!«

Wie es der Teufel will, regnet es heute! Aber es tut gut, zu wissen, dass man nicht alleine ist mit seinem Problem. Das viele Reden und Zuhören kostet allerdings auch Zeit, Zeit, die einem an anderer Stelle womöglich fehlt, zum Beispiel für handwerkliche Arbeiten! Aber das ist halt der Preis.

Ich reibe mir das Knie. Das gibt einen blauen Fleck, aber dem Stolpern über die Fußleisten, mit der dadurch unausweichlichen Erinnerung an die nicht beendete Arbeit, folgt nicht mehr der Zusammenbruch. Das ist Vergangenheit, dank unserer Selbsthilfegruppe!

Wer Hilfe braucht und zu uns kommen möchte, wie gesagt, wir treffen uns einmal wöchentlich, und zwar im Lokal »Zum feuchtfröhlichen Tresen«. Ganz nette, geräumige Kneipe! Hat allerdings gar keinen Tresen. Das hat der Wirt damals vor der Eröffnung nicht mehr geschafft. 1988 muss das gewesen sein. Oder schon in den siebziger Jahren?

Updaten für Doofe

»Mist!«

Ich stehe im Vorraum der Sparkassenfiliale meines Vertrauens. Ich brauche nicht auf die Uhr zu schauen, um zu wissen, was los ist, tue es aber trotzdem. 13.05 Uhr. Mittagspause. Genau wie letzte Woche. Da war um 13.05 Uhr auch Mittagspause. Ich habe anscheinend ein Händchen dafür, das Geldinstitut zu, für mein Vorhaben, ungünstigen Zeiten mit meinem Besuch zu beehren. Hilflos wedele ich mit meinem Überweisungsträger und schaue mich um. Vielleicht entdecke ich ja doch irgendetwas, wo ich ihn einwerfen kann. Fehlanzeige! Als mein Blick auf den Träger fällt, kommen mir die Tränen. Die stattliche Summe geht ans Finanzamt. In einer kurzen Vision sehe ich die Sachbearbeiterriege »Buchstabe D – F« vor mir, die – da bin ich mir sicher – nur darauf wartet, dass die Summe einen Tag zu spät eintrifft. Ich sehe sie, sich die Hände reibend, mit gemeinen Gesichtern, auf den Lippen das böse Wort »Säumniszuschlag«.

Natürlich fällt mir gerade jetzt die stereotype Frage meiner liebenswerten Gattin ein:

»Warum machse nich Online-Banking?«

Die Frage regt mich direkt wieder auf. Weil ich sie schon hundertmal beantwortet habe:

»Ich mach kein Online-Banking, weil ich meinem Computer nich trau!«

Immer, wenn ich ihn anstelle, um daran zu arbeiten, sagt er mir, dass ich irgendwas updaten soll. Meistens

MITTAGS-
PAUSE
Sparkasse
EUR
ÜBERWEI
2013

verstehe ich nicht, was. Was ich aber verstehe, ist, dass das Update dazu gut sein soll, etwaige Sicherheitsmängel zu beseitigen.

Manchmal falle ich drauf rein und klicke auf »Installieren«, was in der Regel einen Rattenschwanz nach sich zieht, einen Schwanz in Form von Lizenzvereinbarungen und ähnlichen Zeitstehlern. In der Regel breche ich den Vorgang ab und vertröste den Computer auf später, und unsensibel wie er ist, meldet er sich wieder, just, wenn ich gerade daran arbeiten will.

Inzwischen habe ich das dumpfe Gefühl, dass sich die Sicherheitsmängel zu einem Sicherheitsmängelberg angehäuft haben. Und mit diesem Mängelberg soll ich Online-Banking machen?! Da kann ich die Kohle den Ganoven auch direkt überweisen. Will ich aber nicht. Deswegen mache ich nach wie vor die Wege zur Sparkasse. Ist ja auch gesünder wegen der Bewegung! Spart quasi den Sport an diesem Tag. Und spart somit auch ein bisschen Zeit, denn nach dem Gang zur Sparkasse muss ich mich ja nicht duschen, nach dem Joggen aber schon.

Das habe ich meiner Gattin alles lang und breit erklärt, aber sie versteht es irgendwie nicht, obwohl sie sonst recht intelligent ist.

Natürlich trifft das Zeitsparargument nur zu, wenn ich nicht ausgerechnet in der Mittagspause komme. Ich überlege, ob ich eine Notiz auf die Trägerrückseite schreiben und ihn unter der Glastür durchschieben soll: »Bitte überweisen, auch wenn's schwerfällt« oder so was. Aber nachher latscht jemand drauf, der vorher auf einen

Kaugummi gelatscht ist, und schleppt das Ding sonst wohin. Heutzutage ist ja alles möglich!

»Mittagspause!«, denke ich, »wie antiquiert is das denn?!« Wo doch immer mehr Menschen immer weniger Pausen machen, besonders im Ruhrgebiet, wo ja traditionell gerne viel und ausdauernd gearbeitet wird! Gut, wo ich ein gewisses Verständnis dafür habe, ist im Einzelhandel, und zwar in den Fällen, wo der Handel wirklich nur aus einem Einzelnen besteht. Man *muss* ja auch mal als Einzelner oder muss mal was essen. Und wie sieht das aus, wenn man das vor Kunden tut! Neulich bin ich vom örtlichen Schuster mit einer Tütensuppe in der Hand empfangen worden. Die Tüte war bereits geöffnet, und er wollte sie sich gerade an den Hals setzen. So was möchte man doch nicht sehen!

Ich schaue wieder auf die Uhr. 13.10 Uhr. Jetzt lohnt es sich auch nicht mehr, nachhause zu gehen, nur um dann wiederzukommen. Ich beschließe, die restlichen 50 Minuten bis zur Öffnung der Sparkasse sinnvoll zu verbringen. Ich kaufe mir im nahegelegenen Zeitschriftenladen eine Computer-Zeitschrift mit dem etwas reißerisch formulierten Topthema »Updaten für Doofe« und setze mich damit in meinen Lieblings-Italiener, also, in sein Restaurant, aber nach draußen. Der Italiener liegt am Steeler Kaiser-Otto-Platz, an dem auch die Sparkasse liegt.

Der Platz ist autofrei und voller Menschen, die in Cafés oder Restaurants sitzen, aber draußen. Ich frage mich, ob die alle zur falschen Zeit in die Sparkasse wollten?

»Oder ham die nix zu tun?!«

Demonstrativ nehme ich meine Zeitschrift und schlage das Inhaltsverzeichnis auf. Da steht es: »Updaten für Doofe«. Auf Seite 15.

»Nur eine Seite!«, denke ich. »Wenn die das Problem ma nich unterschätzen!«

Der Kellner kommt und wundert sich, mich um die Uhrzeit zu sehen.

»Ich muss arbeiten«, sage ich und bestelle eine Pizza »Frutti di Mare« und einen Rosé.

Gerade will ich mit der Lektüre des Artikels beginnen, da klopft mir jemand auf die Schulter.

»Na, Sigi? Ma nich am schreiben?«

Ich hätte es wissen müssen, dass ich hier keine Ruhe haben würde. Steele ist ein Dorf, in dem man immer Bekannte trifft. Und diesen Bekannten kenne ich schon ewig. Ich komme nur gerade nicht auf seinen Namen.

»Recherche«, sage ich und gucke wichtig. »Und du?«

»Mittagspause«, sagt der Bekannte.

»Kann ich mir nich leisten«, sage ich.

In dem Moment kommt der Rosé.

Eine gute Stunde später ist die Pizza verdrückt und das zweite Glas Wein ebenfalls. Mein Bekannter ist schon beim dritten Pils und steht kurz vor dem Nachtisch.

»Hennes«, sage ich – ich bin mir mittlerweile sicher, dass Hennes Hennes heißt, und er macht auch keine Einwände – »Hennes …« Weiter komme ich nicht.

Weil in dem Moment ein Bekannter von Hennes auftaucht und ihm auf die Schulter klopft.

»Na, Georg? Alles fit?«, fragt der Bekannte.

Hennes nickt, ohne den Namen zu korrigieren.

Ich frage mich, ob er jeden Namen akzeptiert, mit dem er angesprochen wird, oder ob er nicht vielleicht doch Georg heißt?

Der Bekannte von Hennes-Georg bestellt eine Runde für uns drei, und wir fachsimpeln über das Problem des Updatens. Es stellt sich heraus, dass wir über einen sehr komplexen Sachverhalt sprechen, der auf nur einer Zeitschriftenseite unmöglich hinreichend abzuhandeln ist. Der Bekannte behauptet, nicht ohne einen gewissen Stolz, er hätte auf seinem vorigen Computer die Aufforderungen so lange ignoriert, »bis nix mehr ging«. Ein wenig neidisch ordere ich eine weitere Runde und behaupte, meiner hätte sich, wohl aus Verzweiflung, vor meinen Augen mit einem lauten Puff selbst zerstört.

Dies scheint nicht mehr zu toppen zu sein. Eine Gesprächspause macht sich breit. Ich lasse meinen Blick über den Platz schweifen.

»Ham die eigentlich alle nix zu tun?!«, frage ich.

»Wieso ›die‹?«, fragt Hennes-Georg zurück, »du sitzt doch auch hier!«

»Ich sitz hier, weil die Sparkasse zuhat«, sage ich.

»Stimmt!«, sagt der Bekannte meines Bekannten, »is ja schon nach vier.«

Die Information sackt in mein Bewusstsein, dann baut sich die mutmaßliche Summe des Säumniszuschlags vor meinem inneren Auge auf.

»Scheiß Finanzamt!«, rufe ich über den Platz.

Die Gespräche verstummen. Blicke suchen den Urheber des Ausrufs. Ich erhebe mich, wedele mit dem Überweisungsträger und zerreiße ihn vor aller Augen. Applaus brandet auf. Ein Mann steht auf und zückt seine Brieftasche.

Ich denke, »aha, das Beispiel macht Schule!«

Aber dann winkt er nur der Kellnerin. So viel Schneid hat eben nicht jeder. Hennes-Georg erhebt sich ebenfalls und sagt, er müsse jetzt mal wieder. Sein Bekannter muss auch. Wir zahlen. Zufrieden schaue ich auf die Rechnung. Mit dem Geld hätte ich auch den Säumniszuschlag bezahlen können, aber so ist es eindeutig besser angelegt!

Auf dem Weg nachhause nehme ich mir vor, mich in der nächsten Woche wieder um 13.05 Uhr an der Sparkasse einzufinden und dann eine kleine Mittagspause zu machen. Es hat so was Befreiendes!

BITTE, ICH BIN STUDENTIN UND ... ... HALLO ? HALLO ?!
TELEFON-MÜLL-SACK
... WELCHE VORABEND-SERIE SCHAUEN SIE ? ...

Fernsehmuffel

Das Telefon klingelt. Reflexartig schnellt mein Arm zum Hörer des Festnetzanschlusses. Auf halbem Wege schaltet sich mein Gehirn ein und gibt zu bedenken, dass es sich bei dem Anrufer nur um meine Mutter oder meinen Telefonanbieter handeln könne. Ich gebe ihm Recht. Meine Hand nähert sich bedrohlich dem Hörer. Beides könne ich momentan nun wirklich nicht gebrauchen! Mein Hirn klingt bereits leicht panisch. Ich muss ihm wieder Recht geben. Seit Wochen warte ich nunmehr auf den lustigen Gedanken. Das nennt man Ladehemmung. Oder habe ich mich leergeschrieben? Ist alles Lustige gedacht? Ich weiß es nicht. Ich weiß auch nicht, warum meine Hand den Hörer ergreift und abhebt.

»Scheiße!«, sagt mein Gehirn.

»Domke«, sage ich.

Es meldet sich eine weibliche Stimme. Natürlich!

»Na toll!«, sage ich zu meinem Hirn, »du hast die dritte Möglichkeit vergessen!«

»Sorry!«, sagt es kleinlaut, »aber du hättest ja nicht drangehen müssen.«

Die weibliche Stimme gehört zu einer, wie es scheint, recht jungen Frau, die für ein Meinungsforschungsinstitut arbeitet. Vor Jahren habe ich den Fehler begangen und mich mit einer Kollegin von ihr auf ein Gespräch eingelassen. Aus Dankbarkeit hat sie meine Telefonnummer an alle anderen bundesrepublikanischen Meinungsforschungsinstitute weitergegeben, die sich in der

Folge auf mich stürzten. Ich habe allerdings immer sofort aufgelegt. Fast immer. Meistens.

Sie mache eine Umfrage zum Fernsehverhalten von männlichen Ruhrgebietlern, und ob ich ihr diesbezüglich ein paar Fragen beantworten könne, fragt die Frau.

»Ich kuck praktisch kein Fernsehn«, sage ich und habe den Moment zum Auflegen verpasst.

»Es dauert nur ein paar Minuten«, sagt die Frau mit einem leichten Wimmern in der Stimme.

Dann bricht sie in Tränen aus. Zumindest klingt es so. Dem folgenden Schluchzen und Schniefen entnehme ich, dass sie Studentin an der Uni Bottrop ist. Für welchen Studiengang kann ich nicht verstehen. Ich werde weich.

»Na gut«, sage ich, »aber wie gesagt, ich bin Fernsehmuffel.«

Sie fragt, mit plötzlich klarer Stimme, welche Vorabendserien ich mir anschaue?

»Keine«, antworte ich wahrheitsgemäß.

»Schauen Sie die Serien täglich, hin und wieder oder in größeren Abständen?«

»Ich kuck täglich nich«, sage ich.

»Und welche gefällt Ihnen am besten?«

»Tja«, sage ich, »schwierig. Da kann ich mich kaum entscheiden.«

Ein Schniefen ist die Reaktion.

»Dann vielleicht ›Immer wenn er Pillen nahm‹.«

»Kenn ich nicht.«

»Geheimagent Maxwell Smart, kein Begriff? Lief in den Sechzigern«, erkläre ich, »leider nur einmal in der

Woche. War saulustig, damals. Auf dem Schulhof haben wir die Gags am nächsten Tag immer …«

»Welche großen Familien-Shows schauen Sie sich an?«, unterbricht sie mich.

»Auch keine«, sage ich.

»Schauen Sie die Shows regelmäßig, hin und wieder oder in größeren Abständen?«

Die Frage kommt mir bekannt vor.

»Hören Sie«, sage ich, »wenn ich keine Shows kucke, dann kuck ich die auch nich regelmäßig, dat is doch logisch!«

»Also hin und wieder?«

»Sind Sie echt Studentin?!«, frage ich konsterniert.

Ein Schluchzen ist die Antwort. Dann wiederholt sie die Frage:

»Schauen Sie die Shows regelmäßig, hin und wieder oder in größeren Abständen?«

Ich resigniere.

»Total regelmäßig«, sage ich.

Als sie die Befragung nach einer halben Stunde, in der ich mich als völliger Fernseh-Junkie geoutet habe, beendet und auflegt, wünsche ich mir zum ersten Mal, mein Telefonanbieter möge nun sofort anrufen. Vielleicht gibt es ein Angebot, bei dem Anrufe von Meinungsforschungsinstituten automatisch verhindert werden. Das wäre mir einen Aufpreis wert!

ICH GLAUBE, DER RECHTE DRÜCKT !!
GROßARTIG!
BRAVO!
APPLAUS
KÖSTLICH
42
41
41
2013

Kurz entschlossen

Ich bin auf dem Heimweg vom Steeler Kaiser-Otto-Platz, wo ich eine ausgedehnte Mittagspause gemacht habe. In der Tasche trage ich einige zerrissene Überweisungsträger mit Zuwendungen an das Finanzamt in Höhe von 20.000, 25.000 oder noch mehr Euro. Fantasiesummen, aber das Zerreißen hat ein euphorisches Gefühl freigesetzt.

Auf der Höhe des Schuhgeschäfts bleibt mein Blick an einem heruntergesetzten Schuh hängen, der mir sofort positiv ins Auge sticht. So muss es bei mir sein! Ich bin nicht der Typ für lange Einkaufsmarathons mit anschließenden Umtauschorgien. Ich sehe was, was mir gefällt, und wenn's passt, kaufe ich's. Ganz spontan! Das ist eine Sache von fünf Minuten.

Ich gehe beschwingt in das Geschäft und lasse mir den Schuh bringen. Während die Verkäuferin unterwegs ist, ziehe ich meinen rechten Schuh schon mal aus.

»Scheiße!«

Von der langen Mittagspause ist der Strumpf kaputtgegangen. Vorne am großen Zeh. Eigentlich an allen Zehen. Vielleicht sollte ich mir öfter neue Strümpfe leisten. Das Geld dazu hätte ich ja jetzt; allein, mir fehlt die Zeit! Jedenfalls ist das peinlich mit den Löchern vorne, aber nicht zu ändern. Ich habe keinerlei Ersatzsocken dabei. Wer konnte denn mit so einer spontanen Schuhkauf-Aktion rechnen?!

Die Verkäuferin bringt den Schuh und starrt auf meine Zehenreihe.

»Fehlerhafte Schweißnaht«, sage ich, bemüht, die Sache mit einem gekonnten Scherz zu überspielen.

Sie rümpft die Nase, ich schlüpfe hinein, also, in den Schuh. Ich schnüre ihn zu und betrachte ihn im Spiegel. Er sieht gut aus! Halbwegs. Obwohl er ja ein Herrenschuh ist. Warum müssen die fast immer zutiefst langweilig aussehen, entweder im Farbton »Untertageschwarz« oder »Kackbraun«?! Damit sie zur sonstigen Herrenmode passen?! Was gibt es für herrliche Damenschuhe! Farbig, fantasievoll, einfach schick! Allerdings, das eine Mal, wo ich mir pinke Pömps gekauft habe, war ich anschließend auch nicht glücklich. Die Hanglage war für meine Füße doch arg gewöhnungsbedürftig.

Ich mache zwei Testschritte.

»Passt!«, sage ich. »Kauf ich! So muss et bei mir sein!«

»Ich bring mal den anderen«, sagt die Verkäuferin.

Mit ungutem Gefühl ziehe ich meinen linken Schuh aus. Der Strumpf ist makellos. Wie kann das sein?!

»Vielleicht, weil ich Rechtsträger bin«, denke ich, »da wird die rechte Seite ja viel, viel mehr belastet. Anscheinend bis in die Zehenspitzen hinein.«

Die Verkäuferin kommt mit dem zweiten Schuh, aber ich behalte meine Vermutung für mich, schlüpfe stattdessen in den Schuh und mache erneut Testschritte. Eigentlich perfekt.

Aber wie ich so schreite, muss ich plötzlich an die vielen Schuhe denken, die ich ebenfalls spontan gekauft habe und die nun unbenutzt bei mir zuhause stehen, weil ich in ihnen nicht laufen kann. Oder nur unter Schmerzen. Bei denen hatte ich auch ein gutes Gefühl bei der Anprobe. Sogar bei den Pömps! Mit Schuhen ist es einfach so eine Sache.

»Ich geh noch en bisschen, sicherheitshalber«, sage ich.

»Lassen Sie sich Zeit! Ich komme gleich wieder.«

Lächelnd wendet die Verkäuferin sich einem anderen Kunden zu.

Ich gehe also, und schon nach einer Viertelstunde habe ich das Gefühl, dass der rechte Schuh an der Ferse ein wenig drückt, vielleicht durch die größere Belastung.

»Und?«, fragt die Verkäuferin.

»Moment noch«, sage ich, »muss noch was testen.«

Ich versuche, mein Körpergewicht ein Stück weit auf das linke Bein zu verlagern, und gehe wieder. Nichts, kein Drücken, auch nach einer halben Stunde nicht! Das leichte Humpeln rührt daher, weil durch die körperliche Schieflage das linke Bein inzwischen schmerzt.

»Und?«, fragt die Verkäuferin und reicht mir eine kleine Wegzehrung.

»Ich weiß einfach nich …«, sage ich.

»Schuhe sollten schon passen«, bemerkt sie fachfrauisch. »Stehen Sie doch einfach noch ein bisschen, dann werden die Sohlen nicht so abgenutzt!«

Ich stehe also einige Zeit.

»Und?«, fragt mich irgendwann der Inhaber des Geschäfts und wedelt mit einem Schlüssel.

»Im Stehen perfekt!«, sage ich, »aber es bleibt eine Restunsicherheit.«

»Tja …«

Er schaut unschlüssig auf seinen Schlüssel.

»Äh … schreiben Sie grad wieder was?«

»So kleine Geschichten«, sage ich, »aus meinem Alltag.« Spontan gebe ich die Geschichte über meine eingefahrenen Routinen zum Besten. Sie kommt gut an.

»Mit Ihnen möchte ich auch nich tauschen!«, sagt der Inhaber.

»Ich mit mir auch nich«, stimme ich ihm zu.

»Bitte noch eine Geschichte!«, sagt die Gattin des Inhabers, die gekommen ist, um ihren Mann in den verdienten Feierabend zu begleiten.

Die Verkäuferin öffnet die Eingangstür und winkt ein paar Passanten herein. Nach zwei weiteren Geschichten ist der Laden gut gefüllt. Das sind so Situationen, wo ich denke, dass es praktisch wäre, ein Handy zu haben. Ich leihe mir eines und rufe zuhause an.

»Wo zum Teufel bist du?!«, fragt meine Frau.

»Wo soll ich schon sein?« antworte ich, »im Schuhgeschäft! Ich glaub, der rechte drückt en bissken. Dafür kommt mein Stehgreif-Programm super an! Komm doch vorbei! Vielleicht ziehs *du* sie mal an, ich kann mich einfach nich entscheiden.«

Statt sich über meinen Erfolg zu freuen, legt sie einfach auf. Der Inhaber reicht mir ein Glas Wein, und ich erzähle noch ein paar Geschichten. Zu fortgeschrittener Stunde vereinbaren wir einen weiteren Termin für in zwei Tagen und hängen ein improvisiertes Plakat ins Fenster: *Geschichten in neuen Schuhen – von und mit Sigi Domke.*

Bis dahin legen sie mir die Treter zurück.

Tja, so muss es bei mir sein! Einfach spontan und kurz entschlossen!

Ordentlich gehäuft

»So, gez reicht et! Gez mach ich endlich reinen Tisch!« Mit diesem Ausruf auf den Lippen stehe ich in meinem Arbeitszimmer und schaue feindselig auf den Schreibtisch. Zumindest schaue ich auf die Stelle, von der ich annehmen kann, dass mein Büromöbel sich immer noch dort befindet. Sehen kann man den Tisch nicht mehr und darauf schreiben schon gar nicht. Schon lange nicht. Der Tisch versteckt sich unter einem Berg von Papier. Der Berg liegt da allerdings nicht ohne Grund, das wäre ja noch schöner! Er enthält viele wichtige Sachen, die ich nicht aus den Augen verlieren darf. Schließlich heißt es nicht umsonst: Aus den Augen, aus dem Sinn! Und einfach wegschmeißen darf ich die Sachen schon gar nicht. Nicht, bevor ich sie gesichtet und entschieden habe, wie damit weiter zu verfahren ist.

»Mmh«, murmle ich in mich hinein, »wat da alles liegt!«

Informationen liegen da zum Beispiel. Zum Beispiel von den Versicherungsgesellschaften, bei denen ich versichert bin. Die sind so nett und schreiben mir immer, wieviel ich demnächst bezahlen darf. Und zwar habe ich da seinerzeit so einer ganz intelligenten Klausel zugestimmt, die mich jedes Jahr mehr abdrücken lässt. Ja nun, es wird ja alles immer teurer, da muss man gucken, dass nicht eine Sache aus der Reihe fällt.

Obwohl ich schon mal mit dem Gedanken gespielt habe, die Klausel rauszuschmeißen. Ja, um mal zu gucken, was passiert.

HOLT MICH RAUS, ICH BIN WICHTIG!!
HALT, ICH BIN DEIN AUSWEIS!
DU BRAUCHST MICH NOCH!
ALT-PAPIER
WO IST EIGENTLICH MEIN EHEVERTRAG ?!?
ALT-PAPIER

Nachher färbt das auf den Spritpreis ab! Dann fahre ich tanken, sage, ich hab die Klausel rausgeschmissen und tanke dann wie früher für 80 Pfennig den Liter. Sicher, das ist schon was her, aber die wissen ja nicht, wann ich meine Klausel rausgeschmissen hab.

Na gut, das ist, glaube ich, jetzt so ein bisschen Fantasiererei. Aber die Policen liegen eben genau aus diesem Grunde auf dem Schreibtisch. Weil ich da möglicherweise irgendwann hart durchgreifen will in Bezug auf die Klausel.

Eigentlich genau jetzt!

»Gez bisse dran!«, rufe ich.

Da fällt mein Blick auf die Spendenaufrufe.

Seit ich regelmäßig spende für wohltätige Vereinigungen, kriege ich auch regelmäßig diese Aufrufe. Ich muss sagen, ich kriege kaum noch was anderes an Post. Das ist eigentlich schön. Weil man sieht, wo überall auf der Welt Not am Mann ist und wie vielen es schlecht geht. Jetzt bitte nicht falsch verstehen, natürlich ergötze ich mich nicht am Elend der anderen, sondern daran, dass ich denke, ach, im Vergleich geht es dir eigentlich ganz schön gut!

Also, ich würde das denken, wenn ich das alles lesen würde, was da in den Aufrufen drinsteht. Deswegen liegen die ja auch alle auf dem Schreibtisch. Weil ich der Meinung bin, dass ich die Not der Welt nicht so achtlos an mir vorüber in den Papierkorb gleiten lassen darf. Da hätte ich ein regelrecht schlechtes Gewissen. Also nicht, weil ich da nichts spenden will. Ich spende ja. Deswegen können die sich ja auch so viele Aufrufe leisten.

Genaugenommen will ich mir das Durchlesen bis zu einer Lebenskrise aufheben, um mich dann da wieder rauszulesen. Ich horche in mich hinein, ob sich heute vielleicht endlich Anzeichen einer Krise bemerkbar machen. Aber nichts!

»Auf manche Sachen wartesse dir echt en Wolf«, sage ich bitter. »Oder bisse tot bis!«

Ich seufze. Der Luftstrom wirbelt einige der vielen Zettel durcheinander, die meinen Schreibtisch bevölkern. In kleinen und nicht ganz so kleinen Häufchen liegen sie da, so dass ich sofort weiß:

»Sigi, wenne da gez wat suchs, brauchse dir nur dat eine Häufchen greifen, dat neben den vielen andern liecht, und dann kuckse ers dat durch und danach den Rest. Und im letzten findesse dann dat Gesuchte. Oder auch nich.«

Das liegt daran, dass die Häufchen zwar ordentlich gehäuft sind, aber nicht geordnet.

»Wat da alles auf den Zetteln steht!«, denke ich beeindruckt.

Zum Beispiel stehen da wichtige Telefonnummern drauf. Die aber wiederum nicht so wichtig sind, dass sie in ein dauerhaftes Verzeichnis Einzug halten dürften. Ruck, zuck wäre so ein Ding voll und würde Platz wegnehmen. Nein, da habe ich Nummern notiert, wo es eine Zeit lang Sinn macht, die aufzuheben. Ein paar Jahre vielleicht. Vorsichtig wühle ich so ein bisschen in den Zetteln. »Heribert Bertram« steht auf einem der Papierchen. Und dann die Telefonnummer. Noch ein Festnetzanschluss.

»Doll, wen du alles gekannt has!«, denke ich. »Heribert Bertram! Wer war dat noch? Auf jeden Fall hatten die Eltern Spass bei der Namensgebung. Na ja, lass ma liegen den Zettel, vielleicht fällt et dir wieder ein.«

Auf anderen Zetteln stehen kleine, wichtige Notizen.

»Morgen RXB auf keinen Fall vergessen!«, steht auf einem.

Interessant! Ich grübele eine ganze Weile, ob ich den, die oder das RXB wirklich nicht vergessen habe, komme aber zu keiner verlässlichen Antwort. Vielleicht, weil ich nicht ansatzweise eine Ahnung habe, worum es sich da gehandelt haben könnte.

»Den Zettel schmeißte auf jeden Fall schonma weg!«, sage ich und lege ihn beiseite.

Direkt neben »beiseite« stapelt sich ein Berg von Zeitschriften und Katalogen.

»Ach ja …«, seufze ich.

In den Zeitschriften stehen Artikel drin, die ich immer noch mal lesen wollte. Ich bin ja an vielem interessiert. Wobei man nicht für alles gleich Zeit hat. Da muss man Geduld haben, und irgendwann kommt die Zeit, wo man welche hat. Und in den Katalogen sind Sachen drin, wo ich mal überlegt hatte, mir welche davon zu bestellen.

Vorsichtig, denn in alten Katalogen kann man sich leicht verlieren, linse ich in einen hinein. »Faszinierend!«, denke ich. »Wat et alles ma gegeben hat!«

Eine Stunde später habe ich ihn durchgeblättert.

»Mist! Gez bisse in Verzuch!«, schimpfe ich mit mir. Schließlich liegt da noch einiges mehr auf dem Schreibtisch. Gut, im Wesentlichen sind das Sachen, die ich nur wegheften muss oder einsortieren. Zum Glück ist das eine Frage der Ordnung! Beruhigend, wenn man in solchen Ordnungsdingen konsequent ist. Wenn man weiß, irgendwo gibt es ein Behältnis, wo die Sachen reingehören. Und dass es nur Sekunden dauert, und schwupps, sind sie weggeheftet! Aber auch Sekunden läppern sich. Weswegen ich dann lieber, so wie heute, in einem Aufwasch weghefte. Dann bin ich da maximal ein paar Stunden mit beschäftigt, und schwupps, hat alles wieder seine Ordnung.

»Puuh!«

Ich starre auf die Papierberge. Alles in allem dauert so eine Reiner-Tisch-Aktion schon seine Zeit. Ein Gedanke formiert sich in meinem Kopf:

»Et sei denn, ich klopp einfach alles inne Tonne, ohne nochma draufzukucken!«

Ja, ich bitte Sie, was so lange da gelegen hat, ohne wirklich gebraucht zu werden, das kann nicht so wichtig sein. Ich hole also kurz entschlossen einen Stadt-Essen-Müllsack, packe den ganzen Kram unter Triumpfgeheul hinein und entsorge ihn direkt anschließend im nahen Altpapier-Container. Vollkommen erleichtert kehre ich heim.

Später am Abend suche ich meinen Ehevertrag. Ich möchte mich lediglich informieren, was ich seinerzeit da unterzeichnet habe. Nur mal interessehalber. Das wollte ich schon lange gemacht haben. Deswegen lege ich so Sachen auch immer auf den Schreibtisch. Da kommen sie nicht weg.

Die Hunde-Strategie

Ich sitze am Fenster und überlege, wie das wohl sein wird, wenn meine Tochter sich selbständig gemacht hat, also, wohntechnisch. Wie werde ich damit zurechtkommen?

»Bestimmt gut«, denke ich, »aber wahrscheinlich nicht so gut.«

Ich sage mir, dass es sicherlich schon erprobte Strategien gibt, die im letzteren Fall anzuwenden sind. Ich krame eine alte Eltern-Zeitschrift hervor, die einzige, die ich besitze, finde Strategien für alles Mögliche, das Abgewöhnen des Schnullers, das wieder Angewöhnen des Schnullers, für pränatales Gehirnjogging, aber nicht für diesen doch so wichtigen Fall. Also versuche ich, mir selbst eine Strategie auszudenken, aber wie sehr ich auch grübele, mir fällt keine ein. Als ich schon aufgeben will, schießt plötzlich ein Satz durch mein Hirn:

»Inder statt Kinder!«

Ich überlege, ob das eine Lösung sein könnte. Bei näherer Betrachtung scheint sie mir zumindest politisch unkorrekt zu sein. Bei noch näherer Betrachtung wird mir klar, dass ein Inder als Kindersatz für mich nicht infrage kommt. Dann fällt mir ein, dass der Spruch andersherum lautete:

»Kinder statt Inder!«

Das hatte ja der Dings seinerzeit abgelassen. Ich grübele, wie der Dings mit bürgerlichem Namen heißt. Ein Politiker, das weiß ich noch. Aber der Name ist futsch. Gott sei Dank! Das Gehirn hat doch eine Gabe dafür,

ER WILL DOCH NUR SPIELEN!

Unwichtiges in den zerebralen Orkus zu kippen. Obwohl ich andererseits ja noch den Schlagertext kenne von »Er hat ein knallrotes Gummiboot«. Zumindest den Refrain. Das spricht für die Qualität von Schlagertexten, zumindest im Vergleich zu Wahlkrampfparolen.

Der Satz von dem Dings bietet mir nun allerdings gar keinen Lösungsansatz für mein Problem, und auch sonst bietet er nix. Da muss ich nicht mal drüber nachdenken. Ich bin eindeutig inderlos und alle meine Freunde und Bekannten übrigens auch.

Ich schaue wieder aus dem Fenster. Menschen ziehen vorbei, alle haben einen neben sich herlaufen, die meisten davon einen Hund.

»Hunde statt Kinder«, kommt mir in den Sinn.

Könnte das eine Lösung für mich sein?

Viele der Vorbeiziehenden scheinen diese Frage für sich mit »Ja« beantwortet zu haben. Einige davon kenne ich aus der Nachbarschaft. Ich weiß von ihnen, dass sie Kinder haben, aber die sind groß geworden und ausgezogen. Und nach dem Ausziehen sind sie in ein Loch gefallen. Nicht die ausgezogenen Kinder natürlich, sondern ihre Eltern. Ein Beschäftigungs- und auch Sinngebungsloch.

»Meistens trifft dat ja die Mütter«, denke ich.

Und tatsächlich besteht die Mehrzahl der mit Vierbeinern Vorbeiziehenden aus Frauen.

»Männer, Väter«, denke ich, »die sind da pragmatischer. Die sagen sich dann schonma, ach, machse ma wieder wat Schönes mitte Mutti, irgendwat, watte lange nich mehr machen konntes! Hoffentlich kannset noch!«

Ich betrachte die vorbeiziehenden Ex-Versorgerinnen und finde in ihren Gesichtern immer noch die Spuren des gewaltigen Umbruchs, der in ihrem Leben stattgefunden hat: Plötzliche gähnende Leere, nicht mehr früh aufstehen müssen, kaum noch Arbeit, keine Nerverei mehr …

»Schlimm!«, denke ich.

Sicher, manche versuchen dann, an ihr Berufsleben anzuknüpfen, um die Defizite auszugleichen, aber die meisten verlegen sich, wie es aussieht, auf Hundehaltung. Ich beobachte die ganz unterschiedlichen Typen, die es gibt, also, bei Hunden und ihren Halterinnen. Und zwar gibt es den Kuscheltyp, der sich einen kleinen Bello kauft, den man mit ins Bett nehmen kann und dem auch eine Windel gut steht. Arbeit macht der auch schon ordentlich, und so kleine Köter können ja auch große Nervensägen sein. Dann gibt es den Typ, der sich richtig stattliche Hunde kauft, Riesenviecher! Dieser Typ hatte wahrscheinlich besonders anstrengende Kinder. Und Riesenviech und Halterin wollen dann auch richtig gefordert werden. Da heißt es, jeden Tag fünfzehn Kilometer Gassi gehen, egal bei welchem Sauwetter. Und wir wohnen ja in Acker-Nähe, da ist das noch moderat. Frauchen und Herrchen, die entlang der A 40 Gassi gehen, die fordern sich richtig! Jedenfalls, Langeweile kommt da nicht mehr auf.

Und wie ich so schaue, denke ich:

»Da muss ja wat dran sein, wenn dat so viele machen! Sigi, bevor du womöchlich auch in son Loch fälls, probierse ma aus, wie dat mit nem Hund is, statt Kind!«

Ich gehe also los und leihe mir einen. Es gibt ja genug in der Nachbarschaft. Da habe ich eher die Qual der Wahl. Ich entscheide mich schließlich für einen Kuschligen, nicht um zu kuscheln, das würde ich mit fremden Hunden niemals tun, sondern weil ich vermute, dass ich ihn im Notfall, wenn er mal einen Passanten anfallen sollte, wahrscheinlich besser bändigen kann.

Ich gehe nochmals los, diesmal mit Whisky, so heißt der Hund. Und vom ersten Moment an bin ich von der Sache überzeugt. Whisky macht nichts von dem, was ich ihm sage, was er machen soll. Stöcksken holen oder so. Da reagiert er gar nicht drauf. Es ist, als würde man mit einem Tauben sprechen. Also ganz wie bei meiner Tochter früher. Und er geht auch nicht freiwillig mit spazieren, sondern ich muss ihn die ganze Zeit zerren. Bis eine Pfütze kommt. Da geht er sofort freiwillig rein, mit allen vieren, saut sich richtig ein und trinkt sogar daraus.

Ich denke:

»Toll, dat is wirklich en richtig guter Ersatz fürn Kind! Da stimmt ja alles!«

Und dann kommt mir der ultimative Test in den Sinn:

»Gehse ma aufn Spielplatz. Wenn dat auch noch hinhaut, dann is son Fiffi wirklich ne Alternative für de Zukunft!«

Was soll ich sagen, wir kommen da hin, da klappt das wie 'ne Eins! Der Whisky sofort rein in den Sandkasten und am graben wie ein Weltmeister! Und sogar so am graben, dass die anderen Kinder schön den Sand in die Augen kriegen. Sofort ist die Originalstimmung da von damals, als meine Tochter noch ein Köttel war. Alle am schreien. Bis auf den Whisky. Und auch ich bin still und zufrieden.

Eine Mutter kommt auf mich zu und sagt, dass das ja wohl ein Hammer sei!

»Dat find ich auch!«, stimme ich zu. »Der Whisky is der Bringer!«

»Ach, Sie haben getrunken!«, sagt die Mutter. »Das erklärt ja einiges.«

In dem Moment beißt der Whisky einem kleinen Jungen, so ein bisschen so ein Raubein, der das arme Tier wohl provozieren wollte und ihm ein Förmchen aus dem Maul geklaut hat, beißt der dem Raubein jedenfalls so leicht ins Bein, aber wirklich nur ganz leicht. Er ist ja Kuscheltier.

Und schon ist eine Aufregung auf dem Platz, wie in der Bundesliga nach einem nicht gegebenen Elfer. Nur, dass um mich herum Mütter wimmeln, die den Eindruck machen, als würden sie mich foulen wollen. Und alle am schreien, ich solle mit dem scheiß Köter sofort die Biege machen!

»Wat is denn?!«, frage ich. »Der will doch nix, wat die andern hier nich auch wollen, der will doch nur spielen!«

»Das sieht aber nicht so aus! Ein Hund gehört einfach nicht auf einen Spielplatz, das ist ja bekannt!«, schrillt es mir entgegen.

»Meine Güte«, sage ich, »ich konnt mir einfach kein Inder vorstellen für meine zukünftige Situation, da wollt ich ma en Hund probieren, wo bitte is dat Problem?«

Da gucken die mich an, als hätte ich einen an der Klatsche, und die ersten rufen nach der Polizei.

Als Klügerer will ich nachgeben, habe aber Mühe, den Whisky von der Schaukel zu kriegen, obwohl er so klein ist. Toll! Schließlich gelingt es mir, weil er sich in meine Jacke verbeißt und ich ihn damit herunterziehen kann.

»Wartet ma ab, bis ihr keine Kinder mehr habt«, rufe ich, »da werdet ihr auch aufn Hund kommen!«

Dann gehe ich nachhause, wo ich das Tier erst mal grundreinigen muss. Auch genau wie früher! Ich bin restlos begeistert! Beim Reinigen denke ich, dass das einzige Problem die Mütter mit ihren Kindern sein könnten. Und dann, plötzlich, habe ich ihn vor Augen, den Hundespielplatz! Natürlich! Den werde ich eigenhändig anlegen, mit im Sand vergrabenen Knochen, Dreckpfützen, Pinkelbaumstämmen und anderen artgerechten Spielgeräten. In der Nachbarschaft werde ich mit dem Vorhaben auf offene Ohren stoßen. Und wenn dann mal einer mit einem geliehenen Kind da antanzt, um zu gucken, ob das als Hunde-Ersatz taugt, dann soll der sich aber warm anziehen!

..DAT WIRD SCHON WIEDER. DAT WIRD SCHON WI...

Wegen der paar Tropfen!

»Dat wird schon wieder!«

Ich mache einen kleinen Spaziergang, um meine neuen Schuhe einzulaufen. Und wiederhole dabei unablässig diesen Satz. Nicht wegen der Schuhe, das mit dem Drücken rechts hat sich schon gegeben. Es gibt momentan gar keinen konkreten Anlass für den Satz, sondern es handelt sich dabei um eine allgemeine Übung im positiven Denken. Da habe ich Nachholbedarf, sagt meine Frau. Das habe ich eingesehen und mir diese Übung auferlegt. Freudig schreite ich aus und hoffe, dass die ständige Wiederholung des positiven Gedankens auf lange Sicht mein Gehirn umpolen und aus einem ausgewiesenen Miesepeter einen Mann mit einem sonnigen Gemüt machen wird.

Einen kleinen konkreten Anlass gibt es vielleicht doch, und zwar die weißen Haare in meiner Nase. Die verfolgen mich, seit ich sie entdeckt habe.

»Dat wird schon wieder!«

Ich gucke skeptisch. Positives Denken kann viel, aber kann es auch die Farbe von Nasenhaaren verändern? Im Übrigen handelt es sich ja wohl um eine Alterserscheinung.

»Denk ma an deine Kniebeschwerden!«, denke ich. »Die sind auch wieder weggegangen.«

Das stimmt! Aber die sind durch moderates Training weggegangen. Bewegung ist ja gesund!

Ich überlege, wie ich meine Nasenhaare trainieren könnte. Ich versuche es mit einem leichten Rümpfen der Nase. Bestimmt verstärkt das die Durchblutung, verjüngt auf lange Sicht die gesamte Nasenpartie und wird mit etwas Glück auf die Behaarung abfärben!

»Dat wird schon wieder!«

Ich rümpfe weiter.

Ein schöner Tag! Die Sonne schickt wärmende Strahlen aus einem makellos blauen Himmel. Dabei hatten sie im Radio ein Unwetter angesagt. Trotzig marschiere ich weiter. Von den Unwetter-Warnungen habe ich mich lange genug bescheuert machen lassen! Meistens passiert ja nix. Alles Pessimisten, die vom Wetterbericht! Naserümpfend erreiche ich die Stadtgrenze. Hier beginnt Bochum oder eigentlich Wattenscheid. Zwischen den Ruhrgebietsstädten gibt es ja nicht viel Grün, aber zwischen Freisenbruch und Wattenscheid schon ein bisschen. Ich gehe weiter. Herrlich, diese neuen Schuhe!

Einige Zeit später treffe ich auf einen Mann mit aufgespanntem Regenschirm.

»Lächerlich!«, denke ich. »Wegen der paar Tropfen!«

»Kann jeden Moment krachen!«, sagt er und schaut auf meine Nase.

Ich versuche, das Rümpfen zu unterlassen, aber es geht nicht. Meine Nase hat sich selbständig gemacht.

»Dat wird schon wieder!«, sage ich.

»Ja«, sagt der Mann, »ganz schön schütten wird et!«

Dann eilt er weiter.

Ich blicke zum Himmel. Aus ein paar ziemlich dunklen Wolken regnet es nun kräftiger. Ein Pessimist würde jetzt vermutlich wirklich befürchten, nass zu werden. Ich gehe noch ein paar Schritte und versuche dann, möglichst unauffällig umzudrehen. Noch in der Drehung fängt der Schuh an zu drücken. Der linke!

»Verdammte Scheiße!«, entfährt es mir.

»Und dann explodierst du immer so schnell!«, höre ich die Stimme meiner Frau.

Ich nicke reuig. Wegen der paar Kleinigkeiten werde ich mir nicht den schönen Tag verderben lassen! Und vermutlich ist die Nässe gut für den Schuh, da wird das Leder weich.

»Dat wird schon wieder!«

Kurz darauf blitzt es, und ich habe noch nicht ganz bis eins gezählt, da kracht es. Ich schaue mich um. Zwischen Freisenbruch und Wattenscheid bin ich weit und breit die höchste Erhebung. Da soll man sich bei Gewitter flach auf den Boden legen, am besten in eine Mulde. Keine fünf Meter vor mir sehe ich eine. Eine richtig schöne Mulde mit Zivilisationsmüll, Matsche und Brennnesseln. Es blitzt erneut, und noch vor dem Donner hechte ich hinein.

»Prima!«, denke ich, »im Liegen drückt der Schuh gar nich mehr!«

Ich klopfe mir auf die Schulter. Das ist wirklich positives Denken!

Ich bleibe erst mal liegen, und schon bald kann ich mich entscheiden, ob ich aufstehen, weiterhumpeln und vom Blitz getroffen werden oder lieber in der Mulde ersaufen möchte. Es schüttet wie aus Eimern, und so langsam füllt sie sich mit Wasser. Die Entscheidung fällt mir schwer. Beide Möglichkeiten klingen verlockend. Schließlich entscheide ich mich für den Blitz.

Hocherhobenen Hauptes zu verbruzzeln, scheint mir die positivere Variante zu sein.

»Dat wird schon wieder!«, sage ich, erhebe mich und wünsche dabei, meine Frau könnte mich so sehen.

Kurz bevor der Blitz mich erwischt, klingelt das Telefon. Benommen schrecke ich hoch und gehe dran. So etwas muss man ja nicht weiterträumen.

»Domke?«

»Pass bloß auf!«, sagt meine Mutter, »morgen soll ganz schlimmes Wetter werden!«

»Der Klimawandel wird uns alle plattmachen!«, sage ich.

»Dat wird alles die Katastrophe!«, stöhnt meine Mutter auf.

»Ausweglos, soviel steht fest!«, stimme ich zu.

»Bis du morgen unterwegs?«, fragt sie.

»Eigentlich schon«, sage ich, »aber ich bleib schön mim Arsch zuhause. Selbs wenn total blauer Himmel is! Man weiß ja nie!«

»Meistens kommt et schlimmer, wie man denkt!«, sagen wir unisono.

Dann legen wir auf, glücklich vereint im Pessimismus.

Meine Gattin betritt das Zimmer.

»Das haste echt von deiner Mutter geerbt!«, sagt sie. Sie hat anscheinend mitgehört.

»Und da sollteste echt mal was gegen tun!«

»Auf keinen Fall!«, sage ich. »Positiv denken hätt mich ma fast dat Leben gekostet!«